HETHITICA

BIBLIOTHÈQUE DES CAHIERS DE L'INSTITUT
DE LINGUISTIQUE DE LOUVAIN — 78

hethitica XII

PEETERS
LOUVAIN-LA-NEUVE
1994

D. 1994/0602/113 ISSN 0779-1666 ISBN 90-6831-651-6 ISBN 2-87723-170-4

Printed in Belgium

IN MEMORIAM : Emmanuel LAROCHE (1914-1991)

René LEBRUN

Le 16 juin 1991, Emmanuel LAROCHE s'éteignait à l'âge de soixante-seize ans des suites d'une pénible maladie. Avec lui disparaissait un des grands maîtres de l'hittitologie et de la philologie asianique. Ayant débuté sa carrière universitaire à l'Université de Strasbourg (philologie-linguistique grecque), E. LAROCHE fut aussi rapidement nommé directeur d'études à la Ve section de l'École Pratique des Hautes Études de Paris où il forma plusieurs hittitologues qui aujourd'hui assurent la relève dans cette discipline dont on mesure de plus en plus l'importance. Plus tard, succédant à Louis ROBERT, il assura la direction de l'Institut français d'Archéologie d'Istanbul. L'année 1974 vit la consécration de sa valeur scientifique : E. LAROCHE était nommé professeur au Collège de France tandis que l'Institut de France l'accueillait parmi ses membres (Académie des Inscriptions et Belles-Lettres).

Le défunt laisse à ses collègues et disciples le souvenir d'un humaniste, d'un éminent savant et d'un maître exigeant. Philologue et linguiste rigoureux, il était aussi un homme de terrain possédant une connaissance exceptionnelle des sites, des coutumes et des paysages de l'Anatolie, ce qui conférait au commentaire des textes étudiés une note particulièrement vivante. Il excellait de plus à intégrer ses travaux sur l'Anatolie ancienne dans le vaste et complexe contexte de la Méditerranée antique où tout se tient. Par goût et idéal, il consacrait une grande partie de ses recherches à l'histoire des religions de l'Asie Mineure antique, véritable clef de voûte de son oeuvre. S'il se préoccupait aussi de linguistique, c'était pour mieux comprendre et définir les noms divins ainsi que les concepts religieux. Le nom d'Emmanuel LAROCHE est aussi indissociable des progrès accomplis après 1950 en matière d'asianisme. Ses publications consacrées au louvite, à l'écriture hiéroglyphique et aux inscriptions en louvite hiéroglyphique furent déterminantes tandis que ses recherches sur le lycien et le hourrite demeurent à ce jour les ouvrages de référence. Son nom enfin était associé à la "Revue hittite et asianique" dont Eugène CAVAIGNAC lui avait confié la direction qu'il assuma avec clairvoyance jusqu'à la cessation de la publication de la revue. Depuis 1977, il faisait aussi partie du Comité de rédaction de *Hethitica* où ses avis autorisés constituèrent toujours une aide précieuse.

D'un abord quelque peu réservé, Emmanuel LAROCHE savait se montrer chaleureux et enthousiaste pour qui avait gagné sa confiance et son estime. Que de fois, à Paris, Istanbul ou Ankara, ne l'avons-nous pas vu plaisantant mais aussi intarissable et captivant sur les sujets lui tenant à coeur.

Emmanuel LAROCHE restera un modèle pour tous ceux auxquels incombe la mission délicate de découvrir le passé de la Turquie et de la Syrie septentrionale. Son esprit et sa méthode continuent de vivre parmi nous !

BCILL 78 : *HETHITICA XII*, 7-13

BEMERKUNGEN ZU EINIGEN PARAGRAPHEN DER HETHITISCHEN GESETZE (§§ 197/98, 95; 35, 37)

Richard HAASE
Leonberg/Tübingen

A. ZU DEN §§ 197/198

I. § 197 regelt drei Fälle strafrechtlichen Inhalts. Es seien zunächst die beiden ersten erörtert.

1. Ein Mann "ergreift/packt" (*epzi*) eine Frau "im Gebirge" (ḪUR.SAG-*i*) d. h. er vergewaltigt sie. Die Frau wird nicht bestraft, der Mann "stirbt" (*aki*).

2. Die Tat ereignet sich "im Hause" (É-*ri*). Hier geht der Mann straffrei aus, die Frau aber "stirbt" (*aki*).

Die Frau wird als MUNUS bezeichnet, also ganz allgemein als weibliches Wesen. Das kann eine Jungfrau, eine Ehefrau, eine Witwe, eine Freie oder eine Unfreie sein, eben eine Frau, welche die sexuelle Begierde des Mannes erregt hat. Die Initiative ist im ersten Falle wohl vom Manne, im zweiten von der Frau ausgegangen. Näheres ist noch darzustellen.

C. SAPORETTI meint, "parebbe trattasi di una donna maritata, poiché compare un marito nel terzo caso del medesimo paragrafo"[1] . Letzteres trifft zwar zu, es beweist aber nichts für C. SAPORETTIS Auffassung.
Die Regelung des *ersten Falles* in § 197 hat bald Erinnerungen an ähnliche Stellen in altorientalischen Quellen geweckt. So verweisen J. FRIEDRICH und

---

[1] SAPORETTI, C. : Qualche considerazini sul §§ 197-198 delle leggi ittite ed i paralleli mesopotamici, *Eothen*. Studi sulla civiltà dell'Oriente antico, 1988 (Festschrift Pugliese Caratelli), 238. Vor ihm schon F. Imparati : *Le leggi ittite*, 1964, 321 : "una donna (evidentemente) maritata". So "evidente" ist das wohl doch nicht !

H. ZIMMERN schon im Jahre 1922 auf 5. Mos. XXII 23-27, wo die Rede von einer verlobten und vergewaltigten Jungfrau ist[2]. C. SAPORETTI ist anderen "Parallel" - stellen nachgegangen : § 6 Codex Ur-Nammu (richtigerweise wohl Codex Šulgi[3] wo von der Ehefrau eines *g u r u š* die Rede ist, § 130 Codex Hammurapi (Ehefrau), § 12 Tafel A des mittelassyrischen Rechtsbuches (Ehefrau), ibid. § 55 (Jungfrau). In allen diesen Fällen kommt aber eine "Frau" schlechthin nicht vor. Von Parallelen im Sinne von Gleichartigkeit kann man deshalb nicht sprechen, allenfalls von entfernten Ähnlichkeiten.

Der zweite Fall des § 197 betrifft das "Ergreifen/Packen" der Frau "im Hause". Geschieht dies, so "stirbt" die Frau, der Mann bleibt straflos. Der Schuldvorwurf, welcher die Frau trifft, ist wohl der der Unterlassung gehöriger Abwehr. Denn das Haus ist bewohnt, es liegt in einer Siedlung, so daß objektiv-typischerweise eine Abwehr der Gefahr durch Flucht oder Hilferufe möglich wäre. Läßt die Frau die Tat ohne Gegenwehr zu, so nimmt man wohl eine *vis haud ingrata*, also ein Einverständnis mit der Tat an, sofern man nicht gar eine Verführung seitens der Frau vermutet.

Schreien als Indiz für den Versuch der Abwehr eines gewaltsamen Geschlechtsverkehrs findet man in den "Troerinnen" des Euripides :

Dann sagst du, Paris hat dich mit Gewalt
Geraubt. Doch Keiner hörte deinen Schrei,
Kein Bruder, und die beiden waren doch
Im Hause und nicht am Firmament (997-1001)[4]

Außerdem im indischen Gesetzbuch des Manu, wo von einem schreienden und weinenden Mädchen berichtet wird, welches mit Gewalt aus seinem Hause zur Ehe geführt wird[5], und auch im römischen Recht :

Non tamen semper qui clamore usus est, auxilium tulisse videtur (Ulp. D. XXIX 5.1.36)

Et si voluntatis adsensio detegitur in virginae, eadem qua raptor severitate plectatur cum neque his impunitas praestanda sit, quae rapiuntur in vitae, cum et domi se usque ad coniunctionis diem servare potuerint et, si fores raptoris frangerentur audacia, vicinorum opem clamoribus querere seque omnibus conatibus (Codex Theodosianus IX 24.1.2).

---

2 FRIEDRICH, J., ZIMMERN, H. : *Hethitische Gesetze aus dem Staatsarchiv von Boghazköi.* Der Alte Orient, Jg. 23, Heft 2. 1922, 31, Fn. 4.

3 KRAMER, S. N. : The Ur-Nammu Law Code. Who Was Its Author ?, *Orientalia, nova series* 52, 1983, 453-456.

4 Übersetzung von E. BUSCHOR, 1972, Band 3, 259.

5 HAMMERICH, L. L. : Clamor. *Eine rechtsgeschichtliche Studie.* Det kgl. danske videnskabernes selskab. Historisk-filologiske meddelelser, bind XXIX, Nr. 1, 1941.

Nach der Letzteren Quelle bleibt das schreiende Mädchen dennoch nicht ganz straflos. Diese Regelung hat erst Justinian (Codex Justinianus VII 13.3) aufgehoben (aaO. IX 13.5).

Auch im zweiten Falle wird die Frau nicht näher definiert, während die §§ 7 Codex Šulgi und 16 Tafel A des mittelassyrischen Rechtsbuches ausdrücklich von "Ehefrauen" sprechen.

3. Im *dritten Falle* des § 197 ertappt ein Mann einen anderen Mann mit einer Frau und tötet beide sofort, wobei er straflos bleibt. Im ersten Satz des sich anschließenden § 198 bezeichnet der Täter die Frau als "meine Ehefrau" (DAM^{TI}). Das ist nun nicht mehr die schlichte MUNUS des § 197 Satz 1 und 2, sondern eine Ehefrau, die Gattin des Täters, ihres Ehemannes, welcher sie mit einem Dritten antrifft. Was die beiden tun, ergibt sich aus den ersten beiden Sätzen des § 197, an welche der dritte Satz insofern anknüpft, als der Dritte eine Ehefrau "ergriffen/gepackt" hat. Dieser Ehebruch wird auf der Stelle geahndet : *wemiyazi tuš kuenzi*, der Ehemann findet beide und tötet sie.

C. SAPORETTI hat recht, wenn er sagt, der § 198 sei "non ... altro che un allargamento del terzo caso"[6]. Die Sätze 1 und 2 des § 197 beziehen sich aber nicht auf Ehefrauen. Sie stellen eine allgemeine Regelung dar, an welche sich mit dem Satz 3 der Sonderfall des Ehebruchs anschließt. Der Ehemann hat ein Recht zur sofortigen Tötung, wenn er das Paar *in actu* ertappt, andernfalls findet ein gerichtliches Verfahren statt, in welchem der Hahnrei ein Begnadigungsrecht hat. Macht er davon keinen Gebrauch, bleibt es bei der primär festgesetzten Todesstrafe, der König bedarf aber dennoch das Paar begnadigen. Demnach sitzt der Trennungsstrich zwischen den §§ 197 und 198 zu hoch : Der § 198 beginnt schon mit dem *takku* in KBo VI 26 IV 8, nicht erst in Zeile 10 .

Die Sätze 1 und 2 des § 197 regeln diejenigen Fälle, welche die Unzucht mit Frauen (Vergewaltigung oder gewollter Geschlechtsverkehr) im allgemeinen betreffen. Die Folge ist die Tötung nach einem förmlichen Verfahren. Für Ehebruch gilt die besondere Regelung der §§ 197 Satz 3 und 198 : Tötungsrecht des Ehemannes, wenn er die Ehebrecher *flagrante delicto* ertappt, andernfalls findet ein gerichtliches Verfahren mit Begnadigungsrecht des Hahnreis und (sogar gegen dessen Willen) des Königs statt.

II. In allen drei der oben genannten Fälle des § 197 erleidet jemand wegen einer Straftat den Tod : Im Falle 1 der Mann, im Falle 2 die Frau, im Falle 3 das ehebrecherische Paar. Daß der betrogene Ehemann im letzteren Falle das Paar töten darf, wenn er es *in actu* antrifft, steht ausdrücklich da (*epzi*). Das Gesetz verwendet in diesem Falle das Verbum *kuen-*. In den Fällen 1 und 2 gebraucht es

---

6 SAPORETTI [1] 237.

das Verbum *ak-*. Besteht ein sachlicher Unterschied bei verschiedener Wortwahl ?

In den beiden ersten Fällen ist nicht davon die Rede, daß das Paar sofort gestellt wird. Aller Wahrscheinlichkeit nach hat man es beobachtet, die Sache hat sich herumgesprochen, und sie ist zu Ohren einer Obrigkeit (die "Alten" oder eine königliche Behörde) gekommen, es kann auch jemand eine Anzeige erstattet haben. Die Folge ist eine Untersuchung, wobei sich die Nachricht als richtig herausgestellt haben muß, sonst stünde im Gesetz nicht, daß der Mann die Frau "ergriffen/gepackt" *hat.*[7] Der Täter/die Täterin wird zum Tode verurteilt, wie es der § 197 in Satz1und Satz 2 fordert: "Er/sie wird getötet /stirbt" (*aki*). Gelingt das dem Mann aus irgendwelchen Gründen nicht, so kommt es zu einem Verfahren. In diesem kann er verlangen, daß "man sie zum Tode verurteilt" (*aki, akandu*).

Es scheint hier demnach so zu sein, daß *ak-* "zum Tode verurteilt werden", *kuen-* aber "erschlagen" bedeuten könnte. Allerdings gibt es noch eine Schwierigkeit : In § 198 heißt es nämlich in Zeile 14 vom König, er könne beide, sofern sie nicht der Hahnrei begnadigt, *kuenzi*. Daß der König das nicht selbst tut, liegt auf der Hand. Ein König als Henker oder rächender Ehegatte ist unvorstellbar. Sollte aber gemeint sein, daß er das Paar erschlagen *läßt*, sieht die Sache anders aus. Dann entspräche der vom König angeordnete Strafvollzug dem Verhalten, welches § 197 Satz 3 dem Ehemann zubilligt. Der König würde dann indirekt an die Stelle des gehörnten Ehemannes als Rächer treten. Ihm stünde nicht mehr zu, als dem betrogenen Ehemann selbst.

B. Zur Bedeutung des § 95

Im Jahre 1957 habe ich zu § 95 die Meinung vertreten[8], in ihm sei eine doppelte Sanktion enthalten, nämlich zum einen eine Pflicht zur Bezahlung einer Buße, zum anderen eine durch die Höhe des Schadens bestimmte Ersatzleistung. Dem widersprechen R. Westbrook und R. D. Woodard : "there is no indication of the latter condition in the text." Sie meinen, "apparently a greater or lesser sum can be set by the court depending on the scale of the theft"[9]. Ich halte das nicht für richtig.

Die überwiegende Zahl der Diebstahlsparagraphen in den hethitischen Gesetzen (§§ 19a, 19b, 20, 21, 49, 57 bis 59, 64, 65, 81 bis 85, 91, 92, 101 bis 103, 108, 110, 119 bis 122, 124 bis 143) geht von *festen* Bußsätzen in Silbersekeln aus. Die §§ 94 bis 97 fallen insofern aus dem Rahmen, als sie auch

7 Gegenstücke findet man in den §§ 17 und 18 Tafel A des mittelassyrischen Rechtsbuches.

8 Haase, R. : Zur Bedeutung des Wortes *šakkuwaššar-* in den hethitischen Gesetzestexten, *Mitteilungen des Instituts für Orientforschung* V 1957, 43.

9 Westbrook, R., Woodard, R. D. : The Edict of Tuthaliya IV, *Journal of the American Oriental Society* 110, 1990, 656.

eine Wiedergutmachungspflicht enthalten : Rückgabe des gestohlenen Diebesgutes (§§ 94, 95), Ersatz für gestohlenes Getreide (§§ 96, 97). In den §§ 94 und 95 folgt zusätzlich auf die Fixierung der Buße noch der Satz : "Wenn er viel stiehlt, werden sie ihm viel auferlegen; wenn er wenig stiehlt, werden sie ihm wenig auferlegen."

Als ich im Jahre 1957 eine doppelte Sanktion (Buße plus Schadensersatz) annahm, folgte ich der damals allgemein üblichen, zuletzt von E. VON SCHULER vertretenen Übersetzung, welche für § 94 u. a. lautet : "Wenn eine freier Mann ein Haus (be)stiehlt, so gibt er (das Gestohlene) ganz korrekt (zurück)... Und jetzt gibt er 12 Sekel Silber. Wenn er viel stiehlt,..."[10]

Entsprechend übersetzen den § 95 R. WESTBROOK und R.D. WOODARD in ihrem Beitrag.

In anderem Zusammenhang hat mich vor Jahren E. NEU brieflich freundlicher- und dankenswerterweise auf die Möglichkeit hingewiesen, die Worte *šakkuwaššar-pát pai* zur Protasis zu ziehen und *takku* mit *pai* zu verbinden. Dann lautet die Übersetzung folgendermaßen :

"Wenn ein freier Mann ein Haus (be)stiehlt (und das Gestohlene) ganz (zurück) gibt,... (so) gibt er 12 Sekel..."

Geht man von dieser Übersetzung aus – und ich halte sie aus sachlichen Gründen für die richtige –, so ist die Regelung in den §§ 94 und 95 folgende:

1. Das Diebesgut ist an den Bestohlenen zurückzugeben. Dazu ist außerdem eine Zahlung von 12 bzw. 6 Sekel Silber zu erbringen.

2. Ist die Rückgabe nicht möglich, so besteht die Pflicht zum Schadensersatz in Geld, wobei sich die Höhe des zu zahlenden Betrages nach dem Wert des gestohlenen Gutes richtet. Dazu kommt auf jeden Fall die Leistung einer Buße von 12 bzw. 6 Sekel Silber.

Somit wird der Vermögensnachteil des Bestohlenen durch die Rückgabe des intakten Diebesgutes oder durch die Schadensersatzleistung ausgeglichen. Die Buße beträgt fix 12 bzw. 6 Sekel Silber; das entspricht dem hethitischen Bußensystem. Die Schadensersatzleistung richtet sich nach dem Wert des Gestohlenen. Variabel ist daher entgegen Westbrook/Woodward nicht die Buße, sondern der Umfang der Schadensersatzleistung.

---

10 SCHULER, E. von : Die hethitischen Gesetze, in : Kaiser, O. (Hg.) : Texte aus der Umwelt des Alten Testaments. Band I. 1982-1985, 111.

C. Gab es bei den Hethitern die sog. Raubehe ?

F. Pecchioli Daddi kommt in ihrem einleuchtenden Beitrag zur Stellung des LÚSIPAD und des LÚAGRIG, welche keineswegs Sklaven im eigentlichen Sinne gewesen sein können[11], auch auf die Raubehe (matrimonio per 'ratto') zu sprechen[12], welche in den §§ 35 und 175 vorgesehen (contemplare) gewesen sein soll.[13]

Der Begriff der "Raubehe" taucht in hethitologischen Arbeiten erstmals bei dem Altmeister der hethitischen Rechtsgeschichte, bei Viktor Korošec (1899-1985),auf.[14] In seinen "Beiträgen zum hethitischen Privatrecht" erklärt er, daß "sowohl die Raub- als auch die Kaufehe als vollgültige Ehebegründungsformen anerkannt" worden seien[15]. Später hat er diese Meinung ausführlich begründet.[16]

Aber R. Thurnwald hat schon in den Jahren 1924 und 1925 darauf hingewiesen, daß man "richtiger von 'Raubheirat' und 'Kaufheirat' sprechen" dürfe[17], und daß "verfehlte Hypothesen" zu einem "wissenschaftlichen Mythos von der Raubehe" geführt hätten.[18] In der Folgezeit hat man erkannt, daß weder *durch* Raub noch *durch* Kauf eine Ehe entstehen kann, daß beide vielmehr nur Vorstufen, gewissermaßen Vorbereitungshandlungen für die Eheschließung darstellen, weil diese erst durch einen *kundbaren Rechtsakt* wirksam abgeschlossen werden kann. Anders gesagt : Zur Erlangung der tatsächlichen Herrschaft über die Frau durch Raub oder Kauf muß noch ein Rechtsakt hinzukommen, welcher die gültige eheliche Verbindung schafft.[19] Andernfalls würde die gekaufte Sklavin schon durch den Handel zur Ehefrau. Den Raub als

---

11 Haase, R.: Notizen zum hethitischen Familienrecht (§§ 35 und 175 der Gesetze), *Zeitschrift der Savigny-Stiftung für Rechtsgeschichte, romanistische Abteilung* 100, 1984, 296.

12 Pecchioli Daddi, F.: La condizione sociale de pastore (lúSIPAD) e dell'amministratore (lúAGRIG) : Esempi di "diversità" presso gli hettiti, in : *Stato, economia e lavoro nel vicino oriente antico. Atti del convengo promesso del Seminario di orientalistica dell'istituto Gramsci toscano.* 1988, 240 ff.

13 F. Pecchioli Daddi [12] 240.

14 Einen Nekrolog von J. Klíma findet man im *Archiv für Orientforschung* XXXIII 1986, 296.

15 *Zeitschrift der Savigny-Stiftung für Rechtsgeschichte, romanistische Abteilung* 52, 1932, 156 ff. (163).

16 Korošec, V. : Raub- und Kaufehe im hethitischen Recht, in : *Studi in onore di Salvatore Riccobono* 1936, 551 ff. (559 ff.). In seinem Art. "Ehe, d) in Hatti" (*Reallexikon der Assyriologie*, Band 2 , 1938, 294) meint er allerdings, es handele sich "*allem Anschein nach*" um eine Raubehe.

17 R. Thurnwald, Art. Ehe, in : *Reallexikon der Vorgeschichte*, Band 3, 1924, 12,

18 ders. : Art. Hochzeit, ibid. Band 5, 1925, 237.

19 Dazu zwei Nachweise aus dem deutschen Mittelalter : Lex Salica 100-Titel Text, 14 § 8 : Si quis sponsa aliena tullerit et sibi coniugium *sociaverit* (ed. K.A. Eckhardt 1953), Lex Alamannorum. Recensio Lantfridiana, 50, 2 : Si autem ille raptor, qui eam *accipit* <sibi> uxorem... (ed. K.A. Eckhardt 1962).

ehebegründende Tatsache lehnt man heute überwiegend ab. Ich nenne nur einige Namen : P. KOSCHAKER[20], R. KÖSTLER[21], J. MODRZEJEWSKI[22] , A. ERLER [23].

Für den hethitischen Bereich sieht F. PECCHIOLI DADDI einen solchen Rechtsakt in der Leistung des *kušata* : Dieser habe "la funzione di rendere indissolubile un matrimonio già consumato"[24]. Dafür spricht folgendes : In § 29 wird die durch die Zahlung des *kušata* bekräftigte Bindung von den Eltern "angefochten" (*ḫullai-*). Also muß man von einer gültigen Ehe ausgehen. In § 35 fehlt die Zahlung des *kušata*. Die Ehe wird hier erst gültig und damit die Ehefrau unfrei, wenn eine Frist von drei Jahren vergangen ist. Der Zeitablauf heilt hier den Rechtsmangel. In § 175 ist zwar von der unterbliebenen Zahlung des *kušata* nicht die Rede, sie wird aber zu unterstellen sein, weil hier, abgesehen von den abweichenden Fristen (vier oder zwei Jahre), die Unfreiheit der Ehefrau erst nach Zeitablauf eintritt, wie es auch nach § 35 der Fall ist.

Daß die schlichte Entführung keine gültige Ehe begründen konnte, zeigt die Strafbarkeit des Entführers oder eines seiner Helfer nach § 37. Hätte die Entführung schon ehebegründend gewirkt, wäre die *straflose* Tötung unverständlich, da sie ja rechtswidrig gewesen wäre.

Ich meine deshalb, man sollte sich von der Vorstellung, der Frauenraub sei eine ehebegründende Tatsache gewesen, endlich trennen !

Adresse de l'auteur :

Heinrich-Längerer-Straße 32
D-71229 Leonberg
Allemagne

---

[20] P. KOSCHAKER : Die Eheformen bei den Indogermanen, in : *Deutsche Landesreferate zum II. Internationalen Kongreß für Rechtsvergleichung im Haag* 1937. Berlin 1937, 77 ff.

[21] R. KÖSTLER : Raub-, Kauf- und Friedelehe bei den Germanen, *Zeitschrift der Savigny-Stiftung für Rechtsgeschichte, gemanistische Abteilung* LXIII 1943, 92 ff.; ders.: Raub- und Kaufehe bei den Römern, *ibid. romanistische Abteilung* 65 1947, 43 ff.; ders. : Raub- und Kaufehe bei den Hellenen, in : *Homerisches Recht,* 1950, 29 ff.

[22] MODRZEJEWSKI, J. : La structure juridique du mariage grec, in : *Scritti in onore di Orsolina Montevecchio* 1981, 231 ff. (233).

[23] ERLER, A. : Art. Frauenraub (raptus), in : Handwörterbuch zur deutschen Rechtsgeschichte I, 1971, 1210 f.

[24] PECCHIOLI DADDI, F. 240.

BCILL 78 : *HETHITICA XII*, 15-22

ÄGYPTOLOGISCHE BEMERKUNGEN ZU DEM ARTIKEL VON J. FREU IN "HETHITICA XI 39"*

W. HELCK†

In Hethitica XI hat J. FREU sich jener interessanten, aber auch schwer zu durchschauenden Zeit-Epoche gewidmet, in der in Ägypten das Amarna-Experiment versucht wurde und in der mit Suppiluliuma das Hethiterreich erneut in die internationale Politik eingriff. Er stellt seinen Überlegungen einen chronologischen Rahmen voraus, wobei er die unbezweifelbare Forderung erhebt, daß sie für alle damaligen Reiche stimmig sein muß. Ausgangspunkt ist ihm die neue "assyriologische" Chronologie, mit denen alle ägyptologischen Ansätze konfrontiert werden müßten. Von der assyriologischen Chronologie sagt er : "c'est une chronologie moyenne tenant compte de la corégence entre Aménophis III et Akhenaton qui semble le mieux convenir à la solution de ce difficile problème. Si on attribue, ce qui est le plus probable, quinze ans de règne à Séthi Ier, on peut établir une parfaite corrélation entre les dates égyptiennes et celles des rois hittites" (S. 41).

Jedoch beide Voraussetzungen sind unrichtig.

I. Von FREU wird (S. 42) eine Mitregentschaft von Amenophis IV. mit Amenophis III. von 12 Jahren angesetzt. Es soll hier und auch bei den folgenden Punkten nicht die gesamte Frage aufgerollt, sondern nur die entscheidenden Belege genannt werden, die FREUs Ansatz widerlegen. Zunächst muß doch auf die absolute Unwahrscheinlichkeit hingewiesen werden, daß 12 Jahre lang zwei entgegengesetzte Ideologien in einem Land nebeneinander existieren, indem die Vertreter der einen im Namen ihres Königs Amenophis III. dem Amun Tempel errichten und die der anderen im Namen Echnatons diese wieder zerstören. Die Vernichtung des Namens des Amun bis ins hinterste Wadi Nubiens ist ja nicht eine abstrakte Angelegenheit, sondern kein Haus wird in Ägypten davon verschont worden sein. Es geht dabei um Menschen, nicht nur um

* Épreuves corrigées par Mme R. DRENKHAHN.

Schriftzeichen. Wenn man sich nur für einen Augenblick all die dabei geschehenen Vorgänge in die Gegenwart versetzt vorstellt, erkennt man die Absurdität der Annahme einer Mitregentschaft dieser zwei Exponenten konträrer Ideologien. Wem aber eine derartige Betrachtung zu unwissenschaftlich erscheint, der sollte sich wenigstens darüber Gedanken machen, warum in den Inschriften aus Malqata, die neben wenigen Nennungen der Jahre 26 und 28 zwischen den Jahren 30-38 Amenophis' III. datiert werden, nie ein Mitregent Amenophis IV. vorkommt. Allein einmal wird auf einem Stöpselsiegel der *Prinz Jmn-ḥtp* genannt. Es paßt dazu, daß die 6 Exemplare, die ein Jahr nennen (HAYES, JNES 10, 1951, 88), Amenophis IV. zuzuordnen sind und einen normalen Regierungswechsel ohne alle Mitregentschaft wahrscheinlich machen.

Entscheidend ist aber jetzt, daß endlich durch W. FRITZ (SAK 18, 1991, 207 ff.) die hieratische Aufschrift auf dem Amarnabrief 27 überprüft worden ist, die von den Befürwortern einer Mitregentschaft immer mit herangezogen worden ist und deren Datierung auch FREU (S. 43) in das Jahr 12 übernimmt. Es handelt sich eindeutig um das Jahr 2 – was bisher als Rest eines Zehnerzeichens gelesen wurde, ist keine Tinten –, sondern eine Schmutzspur. Da in diesem Brief Tusrattas aber Amenophis III. tot ist – Amenophis IV. soll sich wegen einer Zusage Amenophis' III. an Teje wenden, weil eben Amenophis III. nicht mehr ansprechbar ist –, bleibt für eine Mitregentschaft nicht mehr viel Zeit. Der Brief wurde fast genau 2 Jahre nach der Thronbesteigung Echnatons ins Archiv genommen, wie FRITZ mit Recht feststellt. Er weist auch auf die Zeit hin, die mit der Benachrichtigung Tusrattas vom Tode des ägyptischen Königs und der Absendung und Ankunft des mitannischen Botens in Ägypten vergangen sein muß. Seine Folgerung, "ob man den Gedanken an eine Koregenz nicht gänzlich verwerfen sollte", kann nur als übervorsichtig bezeichnet werden. Die Mitregentschaft Amenophis' IV. mit seinem Vater Amenophis III. ist unmöglich und sollte nicht mehr in eine chronologische Diskussion eingebracht werden.[1]

II. Die von FREU angesetzten 15 Jahre für Sethos I. entstammen einer Überlegung BIERBRIERs in JEA 58, 1972, 303, der sie aus der Biographie des Hohenpriesters des Amun *B3k-n-Ḫnsw* abgeleitet hat. Dieser berichtet, 4 Jahre

---

1 Die auch immer wieder herangezogene Darstellung von der Innenseite des Nordflügels des 3. Pylons in Karnak, die zweimal hinter Amenophis III. eine ausradierte kleinere Gestalt erkennen läßt, hat mit der Frage einer angeblichen Mitregentschaft nichts zu tun. Wie deutlich an der Darstellung der Bekleidung zu entnehmen, handelt es sich um eine weibliche Gestalt. Da eine Ausradierung der Teje ein singulärer Fall wäre, dürfte es sich um die Haupttochter Satamun handeln, die auch an anderen Stellen (z.B. an dem Koloß Amenophis' III. vor dem 10. Pylon, an den Memnonskolossen zwischen den Beinen des Königs und auch in dessen Totentempel) sekundär verfolgt worden ist (HELCK, *GM* 62, 1983, 23 f.; *MDAIK* 37, 1981, 207 ff., bes. 209-212). Den angeblichen Beleg von HARI, *CdE* 102, 1976, 251 ff. (von FREU S. 44 Anm. 23 zitiert) hat bereits OSING, *GM* 26,1977, 53 ff. als Fehlinterpretation erkannt.

Kleinkind gewesen zu sein, wäre dann 11 Jahre "Oberster des Erziehungsstalles des Königs *Mn-m3ᶜt-Rᶜ*" (= Sethos' I.) gewesen (d.h. er ist dort in die Schule gegangen), dann war er 4 Jahre Web-Priester, 12 Jahre Gottesvater, 15 Jahre 3. Gottesdiener, 12 Jahre 2. Gottesdiener und 27 Hoherpriester des Amun in Karnak. Sein Sohn *Rm* folgte ihm noch unter Ramses II. im Hohenpriesteramt nach. Bei einer Regierungszeit von 67 Jahren für Ramses II. sind im besten Fall nur die Tätigkeiten vom Gottesvater bis zum Hohenpriester in der Zeit Ramses' II. unterzubringen. BIERBRIER meint nun, daß er die 11+4 Jahre "Schüler" und Web-Priester unter Sethos I. ansetzen muß, weil der "Erziehungsstall" nach Sethos I. genannt ist – so also die Annahme von 15 Jahren. Aber der Denkfehler liegt darin, daß BIERBRIER annimmt, die Schule hätte beim *Beginn* der Schulzeit des *B3k-n-Ḫnsw* nach Sethos I. geheißen; es ist aber natürlich, die Schule nach dem *Namen* beim *Abgang* zu benennen (besonders auch dann, wenn der Name "politisch" ist !). So ist die Folgerung der 15 Jahre nicht beweiskräftig – beim Schuleintritt des *B3k-n-Ḫnsw* wird der Stall nach Haremhab benannt gewesen sein. Man muß dabei berücksichtigen, daß wir von Sethos I. die Jahre 1-6, 8, 9, 11 belegt haben und in dieser Zeit längere Lücken von fehlenden Jahren weder bei Haremheb noch gar bei Ramses II. antreffen.[2] Von den Jahren 12-15 müßten Belege vorhanden sein.

Damit ist also bereits die chronologisache Voraussetzung FREUs erschüttert. Aber die Schwierigkeiten setzen sich fort. Auf S. 43 oben steht der apodiktische Satz : "Les lettres EA 9 et EA 210 sont les seules qu'on puisse attribuer avec certitude à Tutanchamun malgré les efforts répétés faits pour les donner à Akhenaton". Zunächst ist EA 210 auszuklammern, da nach MORAN, Les lettres d'El Amarna, 39 Anm.80 "on peut douter que EA 210 était adressée à un roi (... ᵐni-i)b-ḫu-ri-(ia) ..., puisqu'il aurait été nommé sans titre... ou prosternation...". EA 9 ist ein Brief des Babyloniers Burnaburias an "Nibḫurrereja, König von Ägypten". Es geht dabei um eine geringe Goldlieferung und dann um eine assyrische Gesandtschaft nach Ägypten, wogegen Burnaburias Einspruch erhebt, da sie seine Untertanen seien und sie nicht von sich aus Gesandtschaften schicken dürften. Andere Briefe des Babyloniers sind an Amenophis III. (Nr. 6 Nimmuwarea) und Amenophis IV. (Napḫurure (a) 8; Napḫururea EA 11; ...rureya EA 7; ...rar(ey)a EA 10) gerichtet. Edel, Kitchen und Bryce haben sich dafür ausgesprochen[3], daß nach streng philologischen Kriterien die Namesform Nibḫurrereja nur einem *Nb-ḫprw-Rᶜ* (Tutanchamun) entsprechen kann. Wenn man auch in Fällen, wo aus einer Textgruppe wie hier den Amarnabriefen ein Exemplar so auffällig zeitlich herausfällt, gewisse Bedenken haben könnte, so würde dies letztlich historisch gesehen wenig ausmachen, wenn nicht diese Namensform Nibḫururija für einen ägyptischen König auch in den "Mannestaten Suppiluliumas" vorkommt und dies

---

2 Dieser Ansatz stimmt mit den Angaben über die Prinzenzeit Ramses' II. überein, vgl. HELCK, *MDAIK* 37, 1981, 212/3 mit Anm. 9 : vgl. auch *SAK* 15,1988,149 ff.

3 EDEL, *JNES* 7, 1948, 149; KITCHEN, High-Middle-Low III, 1987, 156 f.; BRYCE, *JEA* 76, 1990, 97 ff.

an einer historisch und chronologisch entscheidenden Stelle : Als nämlich Nibḫururija gestorben war, schickte seine Witwe die Bitte an Suppiluliuma, ihr einen seiner Söhne als Gemahl und König von Ägypten zu schicken. Zeitlich verbunden ist damit die Eroberung von Karkemisch durch den Hethiterkönig. Die Königin wird eingeführt mit den Worten SAL LUGAL ^{URU} Mizra kuiš SAL Tá-ḫa-mu-un-zu-uš ešta; sie wird wegen der Gleichsetzung Nibḫururija = *Nb-ḫprw-R*^{c} als Anchesenamun identifiziert und daraus weitreichende chronologische Schlüsse gezogen.

Es stehen aber einer solchen Identifikation schwerwiegende historische Gründe gegenüber.

Im Grab des Tutanchamun ist dargestellt, wie sein Nachfolger Eje am toten Tutanchamun die Mundöffnung vollzieht – er führt dabei die volle Königstitulatur. Diese Szene ist insofern rituell wichtig, weil dieses Ritual der Sohn durchzuführen hatte, wodurch er erbberechtigt wurde. Aus den Suppiluliuma-Annalen wissen wir aber nun, daß zwischen dem Tod Tutanchamuns und der Absendung des hethitischen Prinzen Zananza mehr als ein halbes Jahr verflossen sein muß: Absendung des 1. Briefes, nach Ankunft des ägyptischen Botens in Hattusa Beratungen, dann Absendung des hethitischen Boten Hattušazitis nach Ägypten, wo er den Winter über bleibt; Rückkehr des Hattušazitis mit einem ägyptischen Boten, der einen weiteren Brief der Königin bringt; wieder Beratungen, dann Absendung des Zananza und dessen Ermordung, die wir wohl auch mit der Ermordung der "Taḫamunzus" verbinden dürfen. Unbezweifelbar vergehen hierbei mehr als die 70 Tage, die bei einem ägyptischen Königsbegräbnis rituell zwischen Tod und Begräbnis angesetzt wurden. Es ist dann einfach grotesk anzunehmen, Hattušazitis hätte seinem Herrn nur gemäß dem Auftrag gemeldet, es gäbe keinen Sohn der Taḫamunzus, und nicht, daß sich die ganze Angelegenheit erledigt hat, da die Ägypter ja einen neuen König haben und keinen hethitischen Prinzen mehr für den Thron brauchen. Schon allein daraus ergibt sich eindeutig, daß Nibḫururija nicht Tutanchamun sein kann. Auch ist es unwahrscheinlich, daß die Königin nach dem verunglückten Staatsstreich, den der ägyptische Gesandte selbst gegenüber Suppiluliuma als "unseres Landes Schande" (anzel KUR-aš tepnumar) bezeichnet, friedlich und geehrt weitergelebt hätte, wie es der Ring mit den Namen Ejes und der Anchesenamun belegt[4].

Wer aber ist diese ägyptische Königin ? Der Text der Suppiluliuma-Annalen führt sie eigenartig gewunden ein : "Die Königin, die die Taḫamunzus war", wobei Taḫamunzus seit langem als Umschreibung des ägyptischen *T3-ḥmt-nswt* "Die Frau des Königs" erkannt ist[5]. Warum sagt er nicht einfach "Die Königin von Ägypten" ? Der Zusatz soll doch anzeigen, daß es die Königin war, die den Titel *(T3-)ḥmt-nswt* trug und nicht – wie wir aus unserer Kenntnis

4 KRAUSS, *Jahrbuch Preußischer Kulturbesitz* 19, 1982, 699 ff.

5 FEDERN, *JNES* 14, 1960, 33. – Über die folgende Argumentation habe ich beim IÄK 1991 in Turin berichtet; eine ausführliche Behandlung der mit Kije verbundenen Probleme wird an anderer Stelle publiziert werden.

hinzufügen können – die "*Große* Frau des Königs (*ḥmt-nswt wrt*)" war. Dieser Titel stand allein Nofretete zu, die aber auf Gefäßinschriften mit dem 11. Jahr und indirekt (Darstellung beim Begräbnis der Prinzessin *Mkt-Jtn*, die im 13. Jahr noch lebte) mit dem 13. Jahr verschwindet[6]. Ihr Titel wurde nicht wieder vergeben. Wer ist dann aber die "Königin, die den Titel *T3-ḥmt-nswt* trug" ? Eine Gefäßaufschrift[7] nennt "Guten Süßwein der Königsgattin Kije" (*ḥmt-nswt Ki-ê*). Die *ḥmt-nswt* bzw. mit Artikel *T3-ḥmt-nswt* ist also Kije, die am Ende der Zeit Echnatons seit Jahr 14 mit ihrem Haushalt auftritt[8] bis ins letzte 17. Jahr Echnatons[9]. Es ergibt sich daraus, daß (*T3-*)*ḥmt-nswt* ihre aktenmäßige Bezeichnung war, die auch dem Hethiter bekannt war, weshalb er sie übernahm, um sie eindeutig zu bezeichnen – dabei ist diese Übertragung bezeichnenderweise "linguistisch" unrichtig, da es *Taḫaminzi heißen müßte. Schon diese "Ungenauigkeit" sollte uns vorsichtig machen, wenn wir derartige Übernahmen fremder Wörter oder Namen interpretieren; übertrug man doch allein nach dem Gehör (wie denn auch sonst bei der vokallosen Hieroglyphenschrift ?). Damit dürfen wir auch den Nibḫururija sowohl in den Suppiluliuma-Annalen wie in EA 9 als eine Variante der Umschreibung des Namens Echnatons betrachten : Man muß sich vor Augen halten, daß nap einem naf/nef- = *nfr* entspricht und nib/p einem niw/new- von *nb*. Der hörbare Unterschied zwischen *Nfr-ḫprw-R*^{c} und *Nb-ḫprw-R*^{c} war minimal – im Gegensatz zur deutlichen Verschiedenheit in der Schreibung. Aber auf diese kam es bei einer sprachlichen Übernahme nicht an !

KRAUSS hat daher sicher völlig recht[10], wenn er Nibḫururija für eine Schreibvariante für Napḫururija ansieht. Damit findet auch EA 9 seinen richtigen Platz unter den anderen Briefen des Burnaburias an Amenophis IV., und wir sind nicht gezwungen, das Korpus der Amarnabriefe bis in die Zeit Tutanchamuns zu erweitern, sondern mit dem letzten Jahre Echnatons dürfte es abgeschlossen sein.

---

6 Nofretete : CoA I Tf. 63 Nr. I und Tf. 64 Nr. 1. Es ist anzumerken, daß der Haushalt der Nofretete immer mit ihrem Namen verbunden wird und nicht, wie eben bei Kije, mit dem Titel. Docket der Meketaton: CoA III Tf. 85 Nr. 37.

7 PETRIE, Tell el Amarna Tf. 25 Nr. 98,

8 Jahr 14 : CoA III Tf. 92 Nr. 208; Jahr 15: CoA III Tf. 92 Nr.245 (*T3-ḥmt-nswt!*); Jahr 16 : CoA III Tf. 92 Nr. 218; Jahr 17 : CoA I Tf. 63 Nr. K.

9 Man hat auch die in PETRIE, Tell el Amarna Tf. 25 Nr. 95 publizierte Gefäßaufschrift "Jahr 11, Wein des Haushalts der Hohen Frau (*špst*) Kit-[... mit Kije verbunden; auch im 16. Jahr wird dieser Haushalt (ohne Namensnennung) erwähnt : CoA II Tf. 58 Nr. 16. Es gibt einen Grabkegel aus Theben-West eines Web-Priesters des Amun und Hausverwalters der Hohen Frau aus Mitanni (Macadam, Corpus Nr. 528) und in Verbindung mit der vorangegangenen Angabe hat man Kije zu einer Mitanni-Prinzessin gemacht. Das ist sicher schon deshalb unrichtig, weil man nach ägyptischer Bürokratenart eine Person nicht mit verschiedenen Titeln (ohne Namen) charakterisieren kann. Es muß mit Sicherheit in der Gefäßaufschrift Ki-(lu-ḫe-pa) ergänzt werden.

10 KRAUSS, Ende der Amarnazeit, 72 ff.

In diesem Zusammenhang ist auch nicht ersichtlich, warum S. 40 oben behauptet wird, der Hof habe im 4. Jahr Tutanchamuns Amarna verlassen. Nach den Gefäßaufschriften ist nur noch der Aufenthalt im l. Jahr belegt [11].

Allein wenn wir akzeptieren, daß die Taḫamunzus die "Frau und Große Geliebte" Echnatons Kije gewesen ist, wird auch die Manethonische Überlieferung erklärbar, die nach Echnaton ("Horos") "seine Tochter Achencheres" regieren läßt. KRAUSS[12] hat nachweisen können, daß es sich hier um die Tochter Echnatons Meretaton handelte, die die Gegenspielerin und letztlich Siegerin über Kije war und kurz als *ᶜnḫt-ḫprw-Rᶜ* als König eingesetzt wurde und naturgemäß die "leeren" Jahre unter Kije annektierte. Schnell wurde sie mit Semenchkare verheiratet, dem sie ihren Thronnamen als *ᶜnḫ-ḫprw-Rᶜ* übertrug. Mit großer Wahrscheinlichkeit waren Semenchkare und Tutanchamun Brüder, weshalb auch Tutanchamun einmal auf einem Amarnablock aus Hermupolis[13] den Ehrentitel eines "Königssohnes" trägt. Aber echte Prinzen waren sie nicht : weder er noch gar Tutanchamun waren Söhne Echnatons oder gar Amenophis' III. Denn niemals wird ein Prinz unter Echnaton genannt noch wäre die ganze Taḫamunzus-Affäre möglich, wenn ein "Sohn unseres Herrn" vorhanden gewesen wäre. Sie haben sicherlich zum königlichen Clan gehört, da in Tutanchamuns Grabschatz nicht nur die Locke der Teje, sondern auch Erinnerungsstücke an Amenophis III. gefunden worden sind, die als Familienerbstücke dem letzten des Geschlechts mit ins Grab gegeben worden sind. So werden sie Enkel oder vielleicht sogar Urenkel dieses kgl. Paares über eine ihrer Töchter gewesen sein. Sicherlich waren beide nicht "legitime Erben" im altägyptischen Sinn, wie FREU S. 93 meint, aber doch wählbar, wenn wie in diesen Tagen der Bestand der Dynastie unbedingt erhalten werden mußte, um den Zusammenbruch der inneren Ordnung zu verhindern – was allerdings durch die baldigen Tode beider Kinder nicht gelang.

Wenn man also feststellen kann, daß FREU längst überholte Vorstellungen vom Verlauf der Amarnazeit benutzt hat, so erstaunt es nicht, S. 77 von "Mayati (Meret-Aton) l'epouse du corégent (scil. Echnatons) Smenkhkarê" zu lesen, der zudem noch "sans doute le frère d'Akhenaton" bezeichnet wird. Die Mitregentschaft Semenchkares mit Echnaton ist schon lange widerlegt : Die beiden Altarbilder Berlin 17813 und 20716 zeigen zwei "königliche" Personen, wobei einmal die "jüngere" der "älteren" Wein einschenkt und das andere Mal die "ältere" die "jüngere" liebkost. Wegen der charakteristischen Halslinie ist die "jüngere" aber eindeutig als weiblich erkannt worden[14]. Bei dem letzteren Bild Berlin 20716 sind für die Personen nur 3 (leere) Kartuschen vorgegeben, während bei zwei Königen unbedingt 4 zu erwarten sind. Es handelt sich also wahrscheinlich um nicht fertiggestellte Bilder

---

11 CoA III Tf. 80, Nr. 35.
12 KRAUSS, *op.cit.*, bes. 41 ff.
13 ROEDER, Amarna-Reliefs aus Hermopolis, Tf. 106 Nr. 831-VIII C.
14 HARRIS, *AcOr* 35, 1973, 7 f.

Semenchkares mit Meretaton[15]. Was sonst an Indizien beigebracht wurde, ist ohne Beweiskraft[16]. Eine Gefäßaufschrift mit Semenchkares 1. Jahr in Amarna[17] macht eine Eigenregierung bereits wahrscheinlich, ganz abgesehen von Manetho, der – wie schon gesagt – zwischen Echnaton und Semenchkare eine Tochter Echnatons (mit gleichem Namen Achencheres) einschiebt. Die alte Vorstellung einer Mitregentschaft von Semenchkare mit Echnaton ist innerhalb der Ägyptologe schon seit längerem kein Thema mehr. Und ihn zum Sohn Amenophis' III. zu machen, entbehrt auch des kleinsten Beweises, da jede Nennung eines Prinzen (außer *Jmn-ḥtp*) in den ausgehenden Jahren der Regierung Amenophis' III. fehlt.

Auch was S. 78 über Mayati (Meretaton) gesagt wird und besonders über die Interpretation von EA 11 und die darin enthaltene Bemerkung über diese Frau muß modifiziert werden. Sicher hat FREU recht, wenn er sich denen anschließt, die die Nennung einer "Herrin des Hauses" und der Mayati als Gegensatz ansieht, aber die "Herrin des Hauses" ist nicht Anchesenpaaton, denn dies setzt – wie es auch FREU meint – die Mitregentschaft Echnaton und Semenchkares voraus, sondern hier wird auf Kije angespielt, die zwischen EA 10 und EA 11 Meretaton aus der Stellung der "First Lady" verdrängt hat. Und aus EA 10 eine Krankheit der Mayati herauszulesen, geht doch wohl zu weit. Dabei habe ich persönlich die Vermutung, daß die auf den Hermupolis-Blöcken erscheinenden Kinder Meretaton-die-Kleine und Anchesenpaaton-die-Kleine "Phantomkinder" sind; ihre Schöpfung wurde meiner Meinung nach durch die Umwidmung der Kije-Darstellungen (mit ihrer kleinen Tochter) auf die beiden Prinzessinnen nach dem Sturz der Taḫamunzus Kije erzwungen.

Zudem sind die Töchterheiraten Echnatons nur aus den Umwidmungen der Kapellen der Kije auf Meretaton und Anchesenpaaton geschlossen und beruhen auf technischen Schwierigkeiten beim Umschreiben der Begleittexte, da dabei Echnatons Name (der ja in dem Titel der Kije erschien) nicht beseitigt werden durfte.

Es scheint mir deshalb so wichtig, auf die angeführten chronologischen Punkte in der großangelegten Darstellung von FREU hinzuweisen, da sie nach der augenblicklichen Lage der Diskussion nicht der Wirklichkeit entsprechen. Das gilt besonders für das Festhalten an einer 12-jährigen Mitregentschaft

---

15 Dieser Ansatz erscheint wahrscheinlicher, da die "jüngere" Person eine blaue Krone trägt, die bei Nofretete unüblich aus. – Es ist zudem sicher kein Zufall, daß beide Stücke unfertig sind, was auf eine sich schnell ändernde politische Situation hinweist.

16 Man hat einen jetzt verlorenen Block aus Memphis herangezogen, auf dem der Abzeichner hinter einem großen König einen kleinen mit Wedel erkennen wollte, B. LÖHR hat *SAK* 2, 1975, 155 ff. dargelegt, daß der Zeichner eine Prinzessin mißverstanden hat. Ferner wurde der Block bei Roeder, Amarna-Reliefs aus Hermopolis Tf. 16 Nr. 406-VIII A herangezogen, auf dem die Unterkörper zweier kgl. Personen und eine kleinere Prinzessin dargestellt sind. Es handelt sich wohl um Echnaton, Kije und deren kleine Tochter, da Prinzessinnen nach PEREPELKIN, Secret of the Gold Coffin, 95 nie ohne Mutter dargestellt werden.

17 Weitere Theorien, wie etwa die, daß Semenchkare eigentlich Nofretete sei, sollen hier beiseite bleiben, da sie die hier allein interessierenden chronologischen Probleme nicht berühren.

zwischen Amenophis III. und IV., die nun durch die zitierte neueste Untersuchung der hieratischen Aufschrift auf EA 27 endgültig ausgeschlossen worden ist. Es fällt damit eine Grundvoraussetzung der gesamten Rekonstruktion der geschichtlichen Vorgänge durch FREU, daß nämlich die auswärtige Korrespondenz über den "alten" König gelaufen sei und erst ab 12. Jahr Echnatons über Amarna. Zu welcher Verzerrung dies führen kann, zeigt etwa der Satz auf S. 72 oben : "EA 106 qui est contemporaine du changement de règne en Égypte a été écrite pendant l'an XI d'Akhenaton après la mort d'Aménophis III...". In Wirklichkeit müßte man den Brief 11 Jahre früher ansetzen, als in der Tat der Regierungswechsel von Amenophis III. zum IV. stattfand. Aber die richtige zeitliche Einordnung von EA 106 ist von großer Wichtigkeit für die richtige Erkenntnis der Vorgänge, da es um die Bedrohung von Sumur geht.

So zeigt es sich immer wieder, daß auch dann, wenn einzelne Zusammenhänge innerhalb einzelner Gruppen von Amarnabriefen sicherlich richtig gesehen sind, eine übergreifende Anordnung und Verbindung mit den außerägyptischen Quellen neu unternommen werden muß, diesmal aber unter Berücksichtigung der Fortschritte, die die Interpretation der chronologisch relevanten Quellen unterdessen innerhalb der Ägyptologie gemacht hat.

Damit ist auch die gesamte chronologische Tabelle auf den S. 94-97 nicht zu halten. Dabei muß betont werden, daß diese Liste auch den Fehler hat, daß sie die Regierung des Haremheb zu lang ansetzt. Er ist nicht 1324 auf den Thron gekommen, sondern erst 1305, da ihm nur 13 Regierungsjahre zuzurechnen sind[18].

---

[18] Zur absoluten Chronologie der ausgehenden 18. Dynastie vgl. HELCK, *SAK* 15, 1988, 149 ff.

BCILL 78 : *HETHITICA XII*, 23-40

HATTISCH UND SPRACHVERWANDTSCHAFT*

Jörg KLINGER
Bochum

I. Im Jahre 1919 – vor nunmehr 75 Jahren – hat E. FORRER den ersten, freilich noch sehr knapp gehaltenen Versuch einer Charakterisierung der hattischen Sprache vorgelegt[1], dem er wenig später eine weit ausführlichere Darstellung folgen ließ[2]. Seither verdanken wir es im wesentlichen den Arbeiten von E. LAROCHE, I. M. DUNAEVSKAJA, A. KAMMENHUBER und H.-S. SCHUSTER, wenn unser Verständnis dieser isolierten Sprache innerhalb der keilinschriftlichen Überlieferung Fortschritte machen konnte.[3] Dennoch bleibt noch vieles unklar, und insbesondere die reichlich vorhandenen einsprachigen Texte sind weitgehend unverständlich geblieben. So berechtigt angesichts der

---

* Die unpublizierten Belege verdanke ich dem Boğazkoy-Archiv, Mainz. Dafür sei Herrn Professor H. OTTEN wie auch Herrn Professor E. NEU, der freundlicherweise zu einer kritischen Lektüre des Manuskriptes bereit war, recht herzlich gedankt.

1 Veröffentlicht in den Sitzungsberichten der Preußischen Akademie der Wissenschaften 1919, 53, 1032-34 innerhalb seines Aufsatzes "Die acht Sprachen der Boghazköi-Inschriften" (ebd. 1029-41), der von E. MEYER in der Sitzung der philosophisch-historischen Klasse am 4. Dezember 1919 vorgelegt worden war.

2 E. FORRER, *Die Inschriften und Sprachen des Hatti-Reiches*, *ZDMG* 76, 1922, 174-269, bes. 228-41. Vgl. auch ders., *MDOG* 61, 1921, 20-39 und F. HROZNÝ, *BoSt* 3, 1921, 25ff.

3 Zu den einzelnen Beiträgen vgl. die Bibliographie bei H.-S. SCHUSTER, *Die Ḫattisch-Hethitischen Bilinguen*, Teil 1, 1974, S. XIff. Nach wie vor die Grundlage für jede weitere Beschäftigung mit dem Hattischen stellt der Beitrag von A. KAMMENHUBER, Das Hattische, in : *Handbuch der Orientalistik* Abt. I, Bd. 2, Lfg. 2, 1969, 428-546 dar, der auch einen Abriß der Forschungsgeschichte enthält. An neueren Arbeiten sind noch zu erwähnen Ch. GIRBAL, *Beiträge zur Grammatik des Hattischen*, 1986 und P. TARACHA, Zu den syntaktischen Verknüpfungen im Hattischen, *AoF* 15, 1988, 59-68.
Die Bemerkung von P. TARACHA, *OLZ* 84/3, 1989, Sp. 261, daß Ch. GIRBALS Arbeit "in der deutschen Fachliteratur als Pionierleistung" einzustufen sei, da sie "ohne Anwendung der bei den indoeuropäischen Sprachen üblichen Terminologie" auskomme, kann ich nicht – weder für die Arbeit Ch. GIRBALS noch für die P. TARACHAS – nachvollziehen.

eigentümlichen Struktur des Hattischen die Forderung nach einer Deutung "aus sich heraus"[4] ist, sind wir bisher in unserer Analyse völlig auf die nicht sehr umfangreichen und zudem in der Überlieferung teilweise fehlerhaften Übersetzungen hethitischer Schreiber angewiesen. Auch wenn sich die Materialbasis durch Neufunde entscheidend verbessern sollte, werden bei der Erforschung des Hattischen wohl auch in Zukunft noch viele Fragen offen bleiben.

II. Angesichts dieser Situation kann es nicht verwundern, wenn versucht wird durch äußere Evidenzen, z. B. durch den genetischen Anschluß des Hattischen an andere Sprachen, zusätzliche Erkenntnismöglichkeiten zu erschließen. Bereits im Jahre 1923 erschien die erste Arbeit, die sich mit einer möglichen Verwandtschaft des Hattischen mit kaukasischen Sprachen beschäftigte; ihr sind seitdem zahlreiche weitere gefolgt, auch wenn heute wohl niemand mehr versucht, den direkten Nachfolger des Hattischen in einer noch lebenden Sprache zu finden.[5]

Einerseits argumentierte man auf der Grundlage von vermeintlichen Etymologien, andererseits wurde die "strukturelle" Verwandtschaft etwa des hattischen Verbalkomplexes mit dem der abchasisch-adyghischen Gruppe der Kaukasussprachen ins Feld geführt, obwohl diese Bemühungen von Anfang an stark kritisiert oder auch – mit Verweis auf die große Spanne in der Überlieferung zwischen dem Hattischen und den zum Vergleich herangezogenen kaukasischen Sprachen – gänzlich abgelehnt wurden.[6]

Ja, man spannte den Bogen sogar weiter, indem man noch andere Sprachen der keilinschriftlichen Überlieferung mit einbezog. Nach H. FÄHNRICH "weist aber sowohl das Hattische als auch das Kassitische lexikalische Parallelen zu den Sprachen der Hurriter und Urartäer einerseits und den Sprachen der nachisch-daghestanischen Familie und hier vor allem zu deren nachischem Zweig und den ihm nahestehenden Lakischen, Dargischen und

---

4 Vgl. P. TARACHA, *AoF* 15, 1988, 60.

5 R. BLEICHSTEINER, *Zum Protochattischen*, Berichte des Forschungs-Institutes für Osten und Orient 3, 1923, 102ff. Eine Extremposition vertrat dabei J. Mészáros, Die *Päkhy-Sprache* (The Oriental Institute of the University of Chicago, Studies in Ancient Oriental Civilization, Nr. 9) 1935, bes. 25-33, der das nordwestkaukasische Ubychische für den direkten Nachfolger des Hattischen hielt.

6 Vgl. bereits E. LAROCHE, *Problèmes de la linguistique asianique*, 1949, 75 und zusammenfassend A. KAMMENHUBER, *HdO*, 441f. (dort auch zu anders gelagerten Versuchen eines genealogischen Anschlusses, z. B. mit dem Etruskischen), die aus Gründen der zeitlichen Diskrepanz der Überlieferungen derartige Überlegungen für müßig hält. Tatsächlich wird dieses Problem bei denen, die sich um den Nachweis einer genetischen Verwandtschaft bemühen, in der Regel vernachlässigt. Ob der Hinweis von H. FÄHNRICH (Zur genealogischen Einordnung der hattischen und kassitischen Sprache, *Georgica* 3, 1980, 73-75; hier 75 n. 8) genügt, daß der Beweis der Verwandtschaft des Elamischen mit den drawidischen Sprachen diesen methodischen Einwand widerlegt, erscheint mehr als fraglich.

Udischen andererseits auf"[7], und er kommt zu dem Schluß : "Wenn das Hattische eine mit dem Nachisch-Daghestanischen verwandte Sprache sein sollte, ließen sich die typologischen Ähnlichkeiten zwischen dem Hattischen und den abchasisch-adyghischen Sprachen (...) als Ergebnis der starken Einwirkung eines abchasisch-adyghischen Substrats auf eine den nachisch-daghestanischen Sprachen nahestehende Sprache erklären."[8]

Ähnlich gelagert ist auch die bisher bei weitem ausführlichste Arbeit zu diesem Problemkomplex von V. V. IVANOV[9], der grammatische Erscheinungen der von ihm zum Vergleich herangezogenen kaukasischen Sprachen (und des Hurritschen) und semantische Deutungen hattischer Wörter auf etymologischer Basis in großem Umfang auch zur Interpretation bisher ungeklärter bzw. anders erklärter Probleme der hattischen Grammatik heranzieht und damit, z. B. im Bereich des hattischen Verbums, stark von den Ergebnissen der bisherigen Forschung abweicht. Durch die von Ch. Girbal vertretene These[10], daß das Hattische genetisch mit den Kartwelsprachen, d. h. der Gruppe der südkaukasischen Sprachen, zu verbinden sei, komplizierten die Verhältnisse sich noch mehr. Von den Befürwortern einer "Verwandtschafts-Hypothese" wurde das Hattische also in den letzten Jahren mit jeder der drei bzw. vier Großgruppen der kaukasischen Sprachen in Verbindung gebracht – angesichts

---

7 Prinzipiell erscheint mir der Versuch, zeitlich und geographisch näherliegende Sprachen heranzuziehen, schon aus methodischen Gründen zweckmäßiger. Es sei deswegen erlaubt, hier auch an das Kaškäische zu erinnern, das im gleichen geographischen Raum und wohl auch zur selben Zeit wie das Hattische gesprochen worden sein muß. Den Versuch, eine Beziehung des Hattischen zum Etruskischen nachzuweisen, unternahm J. LIDERSKI, *Glotta* 40, 1962, 150ff.

8 H. FÄHNRICH, *Georgica* 1980, 74, 75.

9 V. V. IVANOV, Ob otnošenii chattskogo jazyka k severozapadnokavkazskim, in : *Drevnjaja Anatolija*, hrsg. von B. B. PIOTROVSKIJ, V. V. IVANOV, V. G. ARDZINBA, 1985, 26ff., der der Ansicht ist, mit seiner Arbeit die Frage endgültig positiv entschieden zu haben. Vgl. noch ders., in : ŠULMU, 1988, 133ff; T. V. GAMKRELIDZE und V. V. IVANOV, *JIES* 13, 1985, 51 c. n. 5; T. V. GAMKRELIDZE, *FsPolomé*, 1988, 165 oder I. M. DIAKONOFF, in : *When Worlds Collide. Indo-Europeans and Pre-Indo-Europeans*, 1990, 63.

10 Ch. GIRBAL, 1986, 160-163 (Kap. IX : "Genetische Verwandtschaft"); der Nachweis basiert auf vier angeblichen Etymologien, auf ältere Literatur wird kein Bezug genommen; das Verzeichnis der verwendeten Literatur weist nur Arbeiten von A. ARDZINBA und I. M. DUNAEVSKAJA zum Thema aus. Die bereits früh vorgebrachte These einer Verwandtschaft mit dem Tscherkessischen (vgl. dazu W. BRANDENSTEIN, *FsHirt* II, 1936, 31f.) hat G. DEETERS, *Die kaukasischen Sprachen*, 76f. zurückgewiesen; dagegen hält er – allerdings auf der Basis von unzulänglichem Material – wiederum eine Verwandtschaft mit den südkaukasischen Sprachen für denkbar.

der letztlich immer noch unklaren Verwandtschaftsverhältnisse unter den kaukasischen Sprachen selbst[11] ist das ein wenig ermutigendes Resultat.

III. Die weitgehende Vernachlässigung der Grundprinzipien der historisch-vergleichenden Methode, die zwar aufgrund der wissenschaftsgeschichtlichen Entwicklung in der Erforschung der indogermanischen Sprachen erarbeitet wurden, in ihrer Gültigkeit freilich nicht auf diese Sprachgruppe beschränkt sind, ließ ein anderes Ergebnis auch nicht erwarten.

> "Der Vergleich von Wörtern, die zu verschiedenen Systemen gehören, kann so lange keinen besonders großen Wert haben, bis nicht gezeigt wird, daß die Ähnlichkeiten ihrerseits ein System bilden, d. h. auf irgendeine ursprüngliche sprachliche Einheit zurückgehen.
> Mit anderen Worten : Die Etymologie hat immer von der genealogischen Klassifizierung der Sprachen und vom Begriff des sprachlichen Erbes auszugehen."[12]

Eine methodisch-theoretische Unsicherheit wird dann augenfällig, wenn der Nachweis einer genetischen Sprachverwandtschaft nur auf "lexikalischem" Wege für möglich erachtet[13] oder implizit von einer typologischen auf eine genetische Verwandtschaft geschlossen wird[14].

Der Nachweis einer Sprachverwandtschaft mit Hilfe der vergleichenden Etymologie kann nur dann überzeugen, wenn es gelingt, auf der Basis eines

---

11 So etwa B. G. HEWITT, in : B. Comrie, *The Languages of the Soviet Union*, 1981, 198 : "As regards the division into four main areal groups, it may be said that, within each group, all languages are clearly related (...), but the relationship, if any, existing between the groups is far from clear. (...) Although there is a basis for supposing a remote link between all the languages of the northern Caucasus, there is as yet no sound evidence for assuming any genetic association between South Caucasian and these northern groups." Ähnlich E. SCHÜTZ in seiner Rezension von H. VOGT, *Linguistique caucasienne et armenienne* (1988) : "Vogt möchte die Urgeschichte der Kaukasussprachen noch weiter in die vorchristlichen Jahrtausende zurückverfolgen. Er denkt dabei an das Urartäische, die hurritischen Sprachen usw., aber in diesen Fragen sind noch keine tragfähigen Ergebnisse erzielt worden." (*OLZ* 85, 1990, Sp. 699).

12 V. I. ABAEV, *Die Prinzipien etymologischer Forschung* (= O principach etimologičeskogo issledovanija. In : Voprosy metodiki sravnitel'no-istoričeskogo izučenija indoevropejskich jazykov. Moskva 1956, 286-307. Aus dem Russischen übersetzt von Heinz Dieter POHL.), in : R. SCHMITT (Hrsg.), *Etymologie* (= Wege der Forschung, Band 373), 1977, 184f.

13 So Ch. GIRBAL, 1986, 160. Diese Behauptung ist natürlich unhaltbar, wie sich leicht der Geschichte des Begriffs "Sprachverwandtschaft" entnehmen läßt. Stellvertretend sei hier nur verwiesen auf die knappen Ausführungen von O. SZEMERÉNYI, *Einführung in die vergleichende Sprachwissenschaft*, [3]1989, 3ff. und 6f. : "Denn die zwei Grundpfeiler der Boppschen Lehre, Übereinstimmung in der grammatischen Struktur und in dem die Struktur tragenden Sprachmaterial, bestehen auch heute noch."

14 P. TARACHA, *OLZ* 84/3, 1989, Sp. 267f. Selbst genetische Verwandtschaft muß nicht mit typologischer einhergehen; sie bedingt aber materielle Gemeinsamkeiten. Ganz allgemein sei hier nur auf G. INEICHEN, *Allgemeine Sprachtypologie* (= Erträge der Forschung, Band 118), 1979 verwiesen.

möglichst großen Wortinventars eine systematische Beziehung der zum Vergleich herangezogenen Wortformen zu erstellen, d. h. lautgesetzliche Entwicklungen nachzuweisen. Wobei auch hier das Prinzip gilt, "daß die Sprachvergleichung (...) nur nach Erschöpfung aller Möglichkeiten der historischen Sprachforschung in Angriff genommen werden darf".[15] Die Formen der heute gesprochenen kaukasischen Sprachen sind denkbar ungeeignet, um mittels vergleichender Etymologien die Zugehörigkeit einer Sprache nachweisen zu wollen, die in dreieinhalb Jahrtausende alten Texten überliefert ist. Es ist zunehmend vernachlässigt worden, daß I. M. DUNAEVSKAJA zwar eine strukturelle Ähnlichkeit des Hattischen mit der abchasisch-adyghischen Gruppe für gesichert hielt, den Nachweis einer materiellen Verwandtschaft – und erst das würde auch eine genetische Verwandtschaft bedeuten – als noch von den Kaukasologen zu leisten gefordert hat. Ob dies mittlerweile gelungen ist, erscheint angesichts des spärlich geboten Materials mehr als fraglich.[16]

IV. Ein Vergleich des Hattischen, das in seiner Struktur so deutlich von allen anderen keilinschriftlich überlieferten Sprachen abweicht, mit den ähnliche Charakteristiken zeigenden nordwestkaukasischen Sprachen ist naheliegend, insbesondere was den Verbalkomplex betrifft. Es ist jedoch schwierig, diesen Vergleich durchzuführen, da die Mehrzahl der Präfixpositionen und ihre Funktion oder Bedeutung im Hattischen immer noch nicht geklärt sind.[17] Es ist deshalb notwendig, vor jedem Vergleich sich zuerst ein Bild des hattischen Verbalkomplexes zu machen.

Als Ausgangspunkt soll uns ein Textabschnitt dienen, der es erlaubt, einige der wichtigsten Positionen mit annähernder Sicherheit zu bestimmen.[18] Die entsprechende Textstelle (KUB 2.2 III 45-47 [=A]) wurde jüngst von Ch. GIRBAL behandelt, wobei dieser im wesentlichen die Zuordnung des hattischen Textes zur hethitischen Übersetzung beibehielt, wie sie bereits früher von E. LAROCHE vorgeschlagen worden war. Dabei ergeben sich aber zwei gravierende Probleme : zum einen muß angenommen werden, daß drei Verbalformen im Hattischen mit nur zwei hethitischen übersetzt wurden[19], zum zweiten erhalten

---

[15] O. SZEMERÉNYI, ^{3}1989, 7.

[16] Vgl. P. TARACHA, *AoF* 15, 1988, 59 n. 4, 65f. n. 35; ders., *OLZ* 84/3, 1989, Sp. 262 n. 4, 264 n. 9, 265 n. 13, 268f. n. 22.

[17] Vgl. z. B. die von A. KAMMENHUBER (*HdO*, 532) und I. M. DUNAEVSKAJA (25. Internationaler Orientalistenkongreß 1960, 1962, 281) gebotenen Tabellen der Präfixpositionen.

[18] Eine Detailanalyse aller Aspekte dieses Textausschnittes kann in diesem Zusammenhang nicht geboten werden; hierfür sei auf H.-S. SCHUSTER, 138-142 verwiesen.

[19] Ch. GIRBAL, 1986, 17 : "Dieser Unterschied ist aber nicht von Belang, er beruht auf einer stilistischen Wiederaufnahme und Präzisierung im hattischen Text, die in der Übersetzung nicht nachvollzogen wurde."

wir eine Regens-Rektum-Verbindung, die aufgrund dessen, was wir über vergleichbare Konstruktionen bisher wissen, nur schwerlich erklärbar ist[20].

Der Paralleltext KBo 21.110[21] (84/g = Exemplar G in der Bearbeitung von H.-S. SCHUSTER) zeigt aber, daß der Haupttext nicht korrekt überliefert wurde. Das in Zeile G Rs. 7 noch erhaltene *-a]k-u̯a$_{a}$-aḫ-pí* kann mit *ka-a-u̯a$_{a}$-aḫ-pí* in A III 47 nicht übereinstimmen, und das G Vs. 14' belegte *a-ab-ta-ka-a-u̯a$_{a}$-aḫ* läßt erkennen, daß im Haupttext offenbar eine falsche Wortabtrennung vorgenommen wurde.[22] Korrigieren wir diesen Überlieferungsfehler, so erhalten wir folgende, entschieden klarere Entsprechung von Urtext und Übersetzung : KUB 2.2 III 45-47 (hatt.), 48-50 (heth.) :

45 a-an-tu-uḫ ^{d}Šu-li-in-kat-ti kat-te-e le-e-u̯a$_{a}$-e(-) x-x-x

48 da-a-aš-ma-za ^{d}Šu-li-in-kat-te-eš LUG[AL-u]š *Ú-NU-TE*^{MEŠ}

46 pa-la a-an-da-ḫa<->ak-ka-tu-uḫ

49 na-at ša-ra-a da-a-aš

46f. pa-la a-an-ta-ḫa<-/>ka-a-u̯a$_{a}$-aḫ-pí ḫ[(a-l)]u-ḫa-lu-u-tu

49f. na-at-kán an-da da-a-iš / ḫa-at-tal-u̯a-aš GIŠ-ru-i

Durch die Korrektur läßt sich auch das Problem der hattischen Entsprechung zu hethitisch *ḫattalu̯aš GIŠ-rui* "dem/zum Riegelholz"[23] und der bisher nicht erklärbaren Position der enklitischen Partikel *-pi* lösen. Diesem Ausdruck des Hethitischen entspricht lediglich ein hattisches Wort, nämlich *ḫaluḫalu=tu*. Etwas anderes ist auch nicht zu erwarten, da der hethitische Ausdruck sonst nur als Lehnübersetzung zu verstehen wäre. Gleichzeitig wird deutlich, daß wir es nicht mit einer doppelt vorhandenen Verbalform zu tun haben, sondern mit dem identischen Präfixkomplex zweier unterschiedlicher Verbalwurzeln, von denen *tuḫ* mit der Bedeutung "nehmen" bereits sei langem

20 Ch. GIRBAL, 1986, 18 : "Der Aufbau dieser Verbindung entspricht jedoch dem nicht, was über Genitivverbindungen im Hattischen bekannt ist."

21 Gegenüber KUB 2.2 stellt KBo 21.110 eine deutlich ältere Niederschrift dar, wohl aus dem Anfang der Großreichszeit.

22 Vgl. auch H.-S. SCHUSTER, 142; für die Möglichkeit einer falschen Wortabtrennung durch den hethitischen Schreiber spricht auch, daß die folgenden Zeilen einen – eindeutig erkennbaren – noch extremeren Abschriftfehler aufweisen.

23 Vgl. die Diskussion bei Ch. GIRBAL, 1986, 18f., die das Dilemma deutlich zum Ausdruck bringt; demgegenüber korrekt bereits H.-S. SCHUSTER, 142 (1.10.81).

bekannt ist.[24] Als Entsprechung zu hethitisch *dai-* war bereits von H.-S. SCHUSTER die Verbalwurzel *u̯a$_a$aḫ* (*vaḫ* in seiner Notation) erkannt worden.[25] Dies ist m. E. zugunsten einer Wurzel *aḫ* zu modifizieren, da sich mittels der Bilingue 412/b+ Vs. 10a, 9b-10b zu einer Form von hethitisch *dai-* die Entsprechung *a-aḫ-pa* gewinnen läßt. Damit findet auch der bekannte Ritualzuruf *aḫā* als Imperativ einer Wurzel *aḫ* eine schlüssige Erklärung : die Form ist völlig parallel zum gut bekannten *mešša* gebildet und stellt auch semantisch das zu erwartende Gegenstück dar.[26] Eine knappe Auswahl von weiteren Belegen zu bekannten Verbalwurzeln zeigt, daß die so gewonnenen Präfixketten tatsächlich nicht isoliert stehen :

- a-ab-ta-ka-a-u̯a$_a$-aḫ (G Vs. 14')
- ta-ḫa-ka-aḫ-u̯a$_a$[27] (2134/c + 2332/c Vs. 7' = Dupl. zu KUB 28.1 Rs.? IV 17'; zur selben Wurzel *aḫ*)
- a-an-tág-ga-pu-ut (5O/b, 6')
- an-ta-ka-šu-uḫ (KUB 1.14 Vs. II 17')
- a-an-ga-šu-uḫ (88/s, 5')[28]

Schon ein Vergleich dieser Verbalformen untereinander ermöglicht es, einige wichtige Präfixpositionen zu erkennen; durch den Kontext und die hethitische Übersetzung aus KUB 2.2 sind wir jedoch in der Lage, sie auch in

---

24 Vgl. A. KAMMENHUBER, *HdO*, 529 zu gesicherten Belegen mit hethitischer Entsprechung; die dort mit Sternchen und Fragezeichen angeführte Form **a-kka-tuḫ* (?) "sich-hochnehmen (?)" ist jetzt in dieser Form freilich zu streichen.

25 Vgl. H.-S. SCHUSTER, 132f., der auch eine Liste weiterer Belege anführt, die ich jedoch teilweise anders interpretiere.

26 Der Erklärungsversuch von *aḫā* bei Ch. GIRBAL, 1986, 17f. c. n. 11 ist damit hinfällig. Vgl. noch H. OTTEN, *ZA* 66, 1976, 91 und C. KÜHNE bei E. NEU, *StBoT* 26, 1983, 323 n. 1 und die dort genannte Literatur.

27 Eventuell ist hier auch *a-i<->ta-ḫa-ka-aḫ-u̯a$_a$* zu lesen; vgl. dazu noch H.-S. SCHUSTER, 92 n. 208.

28 Zu den letzten beiden Formen vgl. auch *te-eš-ga-šu-uḫ-ta* in KUB 28.1 IV 38'.

ihrer möglichen Funktion näher einzugrenzen.[29] Von links nach rechts lassen sich folgende Positionen erkennen[30] :

	1	2	3	4	5	Verbal-
(a-)[31]	an	t/da	ḫa	ka	(u̯a ?)	wurzel

1.- an wird schon seit langem als Kennzeichen für den Singular der 3. Person bei transitiven Verben gedeutet.[32] Ebenfalls seit langem ist bekannt, daß nicht alle transitiven Verbalformen ein Personenkennzeichen aufweisen; die Gründe hierfür liegen noch im Dunkeln. Daß wir, insbesondere bei der 3. Person für den Singular, auch mit einem Nullmorphem zu rechnen haben, läßt sich aus prekativischen Verbalformen erschließen. Eventuell haben wir auch mit infiniten, etwa partizipial ähnlichen Verbalformen zu rechnen.

Aus dem Wechsel von *an-* und *ab-* schloß H.-S. SCHUSTER zu Recht auf einen Unterschied Singular gegenüber Plural.[33] Für die 3. Person Plural bei transitiven Verben wurde bereits ein Präfix *a/eš-* erschlossen, aber angesichts der Tatsache, daß wir beim Substantiv ebenfalls ein präfigierendes Pluralmorphem *a/eš-* neben einem "Kollektiv" *u̯a-* unterscheiden können, ist es naheliegend, Vergleichbares auch für das Verbum anzunehmen. Da der Singular beim Substantiv ebenfalls durch ein Nullmorphem ausgedrückt wird, haben wir es also mit einer homonymen präfigierenden Morphemreihe bei Substantiv und Verbum zu tun.[34]

---

29 Die folgende Diskussion ist natürlich davon abhängig, ob es sich beim Hattischen um eine Ergativsprache handelt oder nicht; es sei hier vorweggenommen, daß dies m. E. nicht der Fall ist. Für die Begründung dieser Auffassung verweise ich auf den Exkurs zur Frage der Ergativität am Ende dieses Beitrages.

30 Die Zählung bezieht sich nur auf dieses Beispiel und nicht auf alle möglichen Präfixpositionen. Ein spezielles Problem stellt die Lautgestalt der möglichen Präfixe dar, insbesondere was die Kombination von Konsonant und Vokal betrifft. Die hier verwendete Schreibweise kann nur vorläufig sein.

31 Ob durch die Pleneschreibung im Anlaut ein eigenes Präfix bezeichnet wird, ist noch nicht eindeutig geklärt; vgl. vorläufig A. KAMMENHUBER, *HdO*, 512ff. und Ch. GIRBAL, 1986, 135f.

32 Vgl. auch die Interpretationen von Ch. GIRBAL, 173 und P. TARACHA, *AoF* 15, 1988, 62, der *an-* als Demonstrativum deutet.

33 H.-S. SCHUSTER, 142; unklar bleibt mir allerdings im Zusammenhang mit dem Verbum *aḫ* die Formulierung "intransitives" Subjekt.

34 Gerade beim Verbum wird dies in den prekativischen Verbalformen besonders deutlich; es handelt sich um die Präfixkomplexe *te=Ø=* (Singular), *te=eḫ=* (Kollektiv), *te=eš=* (Plural).

2.- ta ist ein Lokativpräfix, das meist mit hethitisch *anda* und/oder *-šan/-kan* wiedergegeben wird.[35]

3.- ḫ: für dieses Präfix wurden bereits die unterschiedlichsten Deutungen vorgebracht.[36] Auffallend ist, daß in den beiden Sätzen unseres Beispiels das Objekt der transitiven Verben scheinbar nicht explizit ausgedrückt und in der hethitischen Übersetzung lediglich durch das enklitische Pronomen vertreten wird. In der zur Deutung herangezogenen Verbalform aus KUB 2.2 III 34 (=G Vs. 14') fehlt gerade dieses Element; das Objekt ist dagegen sowohl im hattischen Text wie in der hethitischen Übersetzung durch Nomina vertreten. Es liegt also nahe, einen alten Vorschlag von E. FORRER wieder aufzugreifen, wonach *ḫa* das Akkusativobjekt bezeichnet.[37] Mir ist keine Form bekannt, die dem zwingend widersprechen würde.[38] I. M. DUNAEVSKAJA hat in ihren Schemata der Verbalpräfixe die Positionen 4 und 1 als Objektkennzeichen gedeutet. Dahinter steht auch die These, daß, was hier als Subjektmarkierung interpretiert wird, auf das Objekt zu beziehen sei (siehe dazu den Exkurs zur Ergativität). Wie leicht zu zeigen ist, muß das *n* aus ihrer Position 1, zusammen mit den Elementen *š* und *w* aus Position 4, zwischen ihre Position 5 und 4 eingefügt werden. Das verbleibende *ḫ* ist entweder mit *ḫ* in Position 4 identisch oder Anlaut der Verbalwurzel, so daß die Position 1 insgesamt entfällt.[39]

4.- ka: Die Deutung dieses Präfixes (das auch beim Nomen auftreten und offenbar in beiden Fällen mit einem Präfix *zi* wechseln kann) ist bisher nicht eindeutig gelungen; einiges spricht für eine lokale Komponente.[40] Da wir jedoch mit *ta* bereits ein gesichertes Lokalpräfix nachgewiesen haben, wäre zu erwägen,

---

[35] Stellvertretend sei hier auf A. KAMMENHUBER, *HdO*, passim und die Zusammenfassung S. 522 verwiesen.

[36] Vgl. A. KAMMENHUBER, *HdO*, 525f., der es m. E. nicht gelungen ist, die ältere Interpretation von E. FORRER zu widerlegen; von diesem Morphem zu unterscheiden ist das Lokativpräfix *ḫa*, das nur bei Nominalformen auftritt.

[37] Vgl. E. FORRER, *ZDMG* 76, 1922, 236f.

[38] Die von A. KAMMENHUBER, *HdO*, 525f. als Gegenbeweise angeführten vermeintlichen intransitiven Verbalformen können nicht überzeugen, da *u̯a*$_{a}$*ḫziḫerta* sicher und *taštеḫkazii̯a* möglicherweise transitiv zu interpretieren sind.

[39] Leider ist das Belegmaterial, das I. M. DUNAEVSKAJA verwendet, nicht immer verläßlich, worauf auch schon A. KAMMENHUBER hingewiesen hat. Position 2 ist in der gebotenen Form ebenfalls nicht haltbar und auch Position 3 muß modifiziert werden.

[40] Vgl. A. KAMMENHUBER, *HdO*, 523f.

ob *ka* hier nicht in Bezug zum indirekten Objekt bzw. Dativ/Lokativ steht.[41] In vielen Sprachen fällt gerade die konkret-lokale Interpretation einerseits und die abstrakt-grammatische andererseits eines direktionalen bzw. indirekten Objekts in einer Kasuskategorie zusammen. In einigermaßen analysierbaren Verbalformen ist das Präfix *ka* (oder *zi*) nicht sehr häufig belegt; wo es jedoch innerhalb der Bilinguen vorkommt, da enthält die hethitische Übersetzung entweder einen Dativ/Lokativ oder ein indirektes Objekt, jedoch keine Lokalangabe durch *anda*, *-šan/-kan* oder ähnliches.[42]

5.- u̯a$_a$: Bedeutung und Funktion ist mir unklar. Handelt es sich um ein eigenständiges Affix, eine morphonologische Erscheinung, bedingt vielleicht durch den vokalischen Anlaut der Verbalwurzel, oder doch um den eigentlichen Wurzelanlaut ? In letzterem Falle wäre z. T. mit Ausfall im absoluten Anlaut des Verbalkomplexes zu rechnen; andere Belege, die zusätzliche Verbalpräfixe aufweisen, wären damit freilich nicht zu erklären oder ganz davon zu trennen. Vergleicht man z. B. *ta=ḫa=ka=aḫ=u̯a*$_a$ mit *an=ta=ḫa=ka=u̯a*$_a$*=aḫ*, wird man unmittelbar an *u̯a*$_a$*=aḫ=kun* bsw. *aḫ=kun(u)=u̯a*$_a$ erinnert; die naheliegendste Erklärung scheint mir zu sein, daß das Hattische die Möglichkeit besaß, Verbalpräfixe aus ihrer angestammten Position herauszulösen und der Verbalwurzel suffigierend anzufügen. Dafür sprechen auch Formen wie *an=ta=ka=šuḫ* gegenüber *te=eš=ga=šuḫ-ta* oder *aš=ka=ḫi/er* gegenüber *u̯a*$_a$*=aḫ=zi=ḫer=ta*.[43] Einer Verbindung mit dem bekannten Verbalpräfix *u̯a*$_a$ (vgl. die eben genannten Beispiele) steht jedoch die Position entgegen, die hier eindeutig vor *ḫa* anzuordnen ist.[44]

Trifft die hier gebotene Analyse im Kern zu, so haben wir beim hattischen Verb mit valenzmarkierenden Präfixpositionen für Subjekt, direktes Objekt und indirektes bzw. direktionales Objekt zu rechnen, wobei nach der Subjektposition Angaben zum lokalen Bezug stehen können. Davor stehen

---

41 Daß es daneben eventuell ein homonymes Präfix anderer Funktion gegeben hat, kann natürlich nicht von vorneherein ausgeschlossen werden. So versucht Ch. GIRBAL, 1986, 116 ein Lokalpräfix und ein davon zu trennendes homonymes Affix *k/ga-* nachzuweisen, das mit der Konjunktion *uk* zu verbinden sei. P. TARACHA, *OLZ* 84, 1989, 269 will darin vielmehr ein Kausativmorphem erkennen. Hierzu sei noch angemerkt, daß die Bildung von transitiven Formen aus intransitiven Formen oder, allgemeiner ausgedrückt, die Erhöhung der Verbvalenz um den Faktor eins (also auch die Bildung von trivalenten Verben aus bivalenten oder transitiven) eine spezifische Eigenschaft von Kausativbildungen generell darstellt. Es ist also keine Eigenschaft, die in irgendeiner Weise eine engere Verbindung des Hattischen mit den nordwestkaukasischen Sprachen belegen könnte. Aufschlußreich zu diesem Problem mit Beispielen aus den verschiedensten Sprachen L. TESNIÈRE, Esquisse d'une syntaxe structurale, ^{2}1966, 260ff.

42 Lediglich KUB 2.2 II 45f. enthält keinen Dativ, aber noch viel weniger eine Richtungsangabe.

43 Vgl. z. B. in KBo 23.97 Rs. 16' *ki-ša-az-zi-el* gegenüber 18' *iš-ki-i̯a-az-zi-il*.

44 Es spricht in der Tat manches dafür, daß unter bestimmten Bedingungen Verbalpräfixe ihre Position in der Kette auch ändern können.

Modal- und Negationspräfixe. Von den bisher diskutierten möglichen Präfixen bleiben nicht mehr allzu viele in ihrer Funktion völlig unklar.[45] Wenig wissen wir dagegen immer noch über die Regeln, wann entsprechende Elemente gesetzt werden müssen.

Damit können wir zur Ausgangsfragestellung, dem Vergleich mit dem Verbalkomplex des Nordwestkaukasischen, zurückkehren, wo z. B. folgende Positionen in der Präfixkette des abchasischen Verbums nachgewiesen sind[46] :

I :	"Absolutiv", d. h. Subjekt des intrans. und Objekt des trans. Verbums werden in dieser Position markiert.
II :	Adverbial
III :	Konjunktion und Frage.
IV :	Relation
V :	räumliche Orientierung.
VI :	indirekte Objekte und weitere NPs.
VII :	Direktionalangaben, d. h. entsprechende Präverbien oder sogenannte "intraverbale Postpositionen".
VIII :	"Ergativ", d. h. Subjekt des trans. Verbums
IX :	Negation
X :	Kausativ

Ein Blick in die Grammatik des Abchasischen von B. G. HEWITT[47] zeigt darüber hinaus, daß das Abchasische um ein Vielfaches reicher in seinen möglichen Kombinationen ist, als wir dies bisher für das Hattische annehmen können. In Einzelheiten, wie der Anzahl der Positionen oder ihrer Reihenfolge, ergeben sich kaum Übereinstimmungen, besonders deutlich etwa was das Negationspräfix betrifft. Die oftmals behauptete strukturelle Verwandtschaft des Hattischen mit den abchasisch-adyghischen Sprachen scheint mir damit keineswegs erwiesen (bzw. beschränkt sich mehr oder weniger auf die Tatsache, daß beide im wesentlichen präfigierend sind), ganz zu schweigen von einer genetischen Verwandtschaft.

V. Wenn die methodischen und materiellen Voraussetzungen für einen definitiven genealogischen Anschluß des Hattischen an besser bekannte Sprachen zu problematisch sind, um bei der Interpretation des Hattischen von Nutzen sein

45 Vgl. die bei A. KAMMENHUBER, *HdO*, 532 gebotene Tabelle und den Überblick, ebd. 526ff.

46 Nach B. G. HEWITT, in B. COMRIE, 1981.

47 B. G. HEWITT, *Abkhaz* (=Lingua Descriptive Series, 2), 1979. Vgl. auch W. LUCASSEN, *On the verbal structure of Abkhaz*, in F. PLANK (Hrsg.), *Relational Typology*, 1985, 257-67.

zu können, bliebe immerhin noch die typologische Verwandtschaft im Sinne einer "Erwartungslenkung"[48].

Eine sprachtypologische Charakterisierung des Hattischen nach dem Modell J. H. GREENBERGS[49] hat schon H. BERMAN[50] vor einigen Jahren versucht. Dabei kam er zu folgendem Ergebnis :

a. – *die Grundwortstellung im einfachen transitiven Satz ist VSO*

Die Frage, ob das Hattische überhaupt eine feste Wortstellung besitzt, war bis dato kontrovers behandelt worden.[51] Das von H. BERMAN herangezogene Material aus der Bilingue KUB 2.2, das sich noch durch Material aus den anderen hattisch-hethitischen Bilinguen erweitern läßt, spricht für eine statistische Präferenz zugunsten einer Verb-Erststellung. Die analysierbaren Sätze mit nominalem Subjekt und Objekt sind nicht allzu häufig, jedoch spricht die Mehrzahl für die oben postulierte Wortfolge.

b. – *in Genitivverbindungen gilt die Reihenfolge Regens vor Rektum (possessor-possessed)*[52]

Ob es Ausnahmen von dieser Regel gibt, ist m. E. fraglich, zumindest sind noch keine eindeutigen Belege bekannt.[53]

---

48 Vgl. dazu auch den Beitrag "*Das Hurritische und die Sprachwissenschaft*" von Frans PLANK in dem Sammelband "*Hurriter und Hurritisch*" (=Xenia 21), hrsg. v. V. HAAS, Konstanz, 1988, 69-93.

49 J. H. GREENBERG, *Some Universals of Grammar with Particular Reference to the Order of Meaningfull Elements*, in : ders., *Universals of Language*, 1963 (^{2}1966), 58-90.

50 H. BERMAN, A contribution to the study of the Hattic-Hittite Bilinguals, *OLZ* 72, 1977, Sp. 458ff.

51 Vgl. A. KAMMENHUBER, *RHA* fasc. 70, 1962, 18: "Daß die Wortstellung des Hatt. sehr frei ist, was sich aus sämtlichen bisher interpretierten hatt. Texten ergibt, bedarf nur deshalb der ausdrücklichen Erwähnung, weil Schuster auf der IXème Rencontre assyriologique (1960, Genf) in einem Vortrag (ungedruckt) das Gegenteil behauptet hat." Leider hat H.-S. SCHUSTER seine These meines Wissens seither in keiner Publikation ausdrücklich vertreten. Jedoch läßt sich zumindest implizit erschließen, daß er auch in seiner Bearbeitung von KUB 2.2 an dieser Meinung festgehalten hat (vgl. etwa die Ausführungen zum Dativ, ebd. 120 oder zum Lokativ, ebd. 137).

52 Dies entspricht der communis opinio; vgl. stellvertretend A. KAMMENHUBER, *HdO*, 486 u. ö.

53 Von den beiden bei Ch. GIRBAL, 1986, 18f. genannten Beispielen ist das erste sicher anders zu interpretieren, das zweite aber in seinem Kontext nur fragmentarisch erhalten.

c. – *das Adjektiv steht vor dem zugehörigen Substantiv*

Das war schon in der ersten Arbeit von E. FORRER zum Hattischen erkannt worden und hat sich seitdem im wesentlichen bestätigt. Die Reihenfolge entspricht auch der im Hethitischen üblichen, so daß ein Beleg aus der Bilingue 412/b+, in dem hatt. *u-re-e-eš ḫu-uz-za-aš-ša-a-i-šu* mit heth. ^{LÚ}SIMUG.A *innarawandan* übersetzt wird, mehrfach in diesem Zusammenhang diskutiert wurde. Nimmt man an, daß die hethitische Wortstellung die Nachahmung des Hattischen darstellt, dann läge hier aus unbekannten Gründen ein vom sonst üblichen Modell abweichender Fall vor.[54]

d. – *Prä- oder Postpositionen*

In dieser Frage ist eine Entscheidung schwer möglich, da bisher keine entsprechenden Wörter entdeckt werden konnten. Greenbergs Universale 3 ("Languages with dominant VSO order are always prepositional.") spräche dafür, für das Hattische Präpositionen anzunehmen.

Damit ist das Hattische innerhalb der im Appendix II bei Greenberg aufgelisteten "Basic Order Types" dem Typ 3 zuzuordnen, für den als Beispiel lediglich das Milpa Alta Nahuatl, eine Sprache der Uto-Aztekischen Gruppe, angegeben wird.[55] Die Seltenheit der Kombination wortstellungstypologisch relevanter Kriterien, die das Hattische zeigt, könnte Zweifel an der gegebenen Beschreibung aufkommen lassen. Von den vier Kriterien ist das vierte ganz, das erste eventuell unsicher, da es den Ausnahmefall zu Greenbergs (statistischem) Universale 17 darstellt. Gegen den zunächst naheliegenden Schluß, daß deshalb die Grundwortstellung VSO falsch bestimmt sei, spricht aber die Tatsache, daß im Hattischen nominales Subjekt und Objekt morphologisch nicht markiert sind, d. h. die Kategorien Subjekt und Objekt morpholgisch am Nomen in der Regel nicht bezeichnet werden, was sich wiederum nur mit dieser Grundwortstellung verträgt. Dies folgt implizit aus dem Universale 41.[56]

---

54 Die Bedeutungsangaben *ḫuzzašša(i)-* "mächtig, hoheitsmächtig" und *ureš* "Schmied" bei *Friedrich, HW.* 3. *Erg.-Heft* s. v. gehen auf A. KAMMENHUBER, *KZ* 77, 1961, 206 zurück. Vgl. dann aber A. KAMMENHUBER, *HdO*, 452f. und E. LAROCHE, *RHA* fasc 79, 1966, 165, die beide konstatieren, daß die fraglichen hattischen Wörter sonst nicht belegt sind, die Frage der Zuordnung also letztlich nicht entscheidbar ist. Zu einem Versuch, *ureš* als Äquivalent zu *innarauandan* zu sichern, vgl. jetzt Ch. GIRBAL, 1986, 158 c. n. 13.

55 Das gleiche Ergebnis ergibt sich für das erweiterte Sprachmaterial bei A. HAWKINS, 1983, 283, der jedoch unter Typ 7, d. h. mit Postposition statt Präposition, das Pima Papago derselben Sprachgruppe aufführt.

56 Zum Zusammenhang zwischen einer Grundwortstellung VO und Präfigierung vgl. A. HAWKINS und G. GILLIGAN, Prefixing and Suffixing Universals in Relation to Basic Word Order, *Lingua* 74, 1988, 219-259; ebd., 219f. : "prefixes occur productively only in VO and Pr+NP languages, while similar functions in OV and NP+Po languages are performed by suffixes".

Die relative Ausnahmestellung des Hattischen innerhalb dieses typologischen Modells resultiert aus der zur allgemeinen Tendenz kontradiktorischen Verbindung von VSO mit dem Prinzip Operator+Operand (Determinierendes+Determiniertes). Für unsere Fragestellung können wir also aus diesem typologischen Modell, das dem funktionalen (implikativen) Zusammenhang merkmalhafter Kriterien weniger Raum gibt, kaum weiteren Aufschluß für die grammatische Struktur des Hattischen gewinnen.

Vorteilhafter als der Greenbergsche Ansatz ist eventuell V. SKALIČKAS "typologisches Konstrukt" des agglutinierenden Typs. Vergleicht man das Hattische mit den dafür aufgestellten Kriterien, so ergibt sich eine recht gute Übereinstimmung.[57] So stellt die Verbindung einer Wurzel mit mehreren Affixen und häufige Affixvariationen eines der Hauptcharakteristiken des Hattischen dar. Eine eindeutige Unterscheidung der Wortarten und der Gebrauch identischer Affixe bei z. B. Nomen und Verbum wurde bereits konstatiert[58], und für die Wortbildung mit Ableitungssuffixen gilt Entsprechendes[59]. Die Anzahl der Positionen und Einzelexponenten von Verbalpräfixen läßt darauf schließen, daß vielfältige Möglichkeiten bestanden haben, Verbbedeutungen derivationell zu modifizieren, auch wenn wir das aufgrund der wenigen Wörter, die eindeutig analysierbar sind, noch nicht immer im einzelnen nachweisen können. Im Bereich der Affixe spricht manches dafür, daß Funktionskumulation nicht die Regel war[60]; zwei scheinbare Synonyme für das Genus femininum sind bisher die Ausnahme. Zur Wortfolge haben wir schon oben Stellung genommen; dazu gehört auch der offensichtliche Mangel an Kongruenzaffixen. Im Bereich der Syntax ist unser Wissen generell noch sehr begrenzt; was die Frage der Subordinierung betrifft, so hat sich dazu A. KAMMENHUBER schon vor einiger Zeit negativ geäußert.[61]

Exkurs : War das Hattische eine Ergativsprache ?

Ob es sich beim Hattischen um eine ergativische Sprache handelt, ist gerade in jüngster Zeit wieder kontrovers behandelt worden. Dies ist umso bemerkenswerter, als sich bereits seit den 60er Jahren zunehmend die Tendenz herausgebildet hatte, für die Deutung des Hattischen vom ergativen Modell auszugehen, auch wenn eine prinzipielle Untersuchung dieses Komplexes m. W. von niemand vorgenommen wurde. So schrieb A. KAMMENHUBER in ihrer ausführlichen Darstellung dem Hattischen "keine allzu passive Verbalauffassung"

---

57 Dies kann hier natürlich nur in aller Kürze geschehen. Stellvertretend sei deshalb auf die detaillierteren Bemerkungen zu Einzelpunkten bei A. KAMMENHUBER verwiesen.

58 Vgl. A. KAMMENHUBER, *HdO*, 451.

59 Vgl. A. KAMMENHUBER, *HdO*, 433ff.

60 Vgl. auch unten die Bemerkungen zu *eš-* und *te-*.

61 Vgl. A. KAMMENHUBER, *HdO*, 543.

zu[62], griff jedoch im Einzelfall bei der Funktionsanalyse von Verbalmorphemen auf das entsprechende Modell zurück.[63] Dasselbe gilt auch für Arbeiten von u. a. H.-S. SCHUSTER, I. M. DUNAEVSKAJA oder I. M. DIAKONOFF.[64] In seiner 1986 erschienen Arbeit widmet Ch. GIRBAL der "Frage der Ergativität" einen eigenen Exkurs[65] und kommt (ebd. 140) zu dem Ergebnis, "daß kein stichhaltiges Argument zugunsten einer eventuellen Ergativität des Hattischen gefunden werden konnte und daß manches im hattischen Material gegen diese Hypothese spricht. (...) Das Hattische scheint (...) eine nominativisch-akkusativische Sprache gewesen zu sein." In der parallel dazu entstandenen Arbeit kommt P. TARACHA bei seiner Analyse der Subjekts- und Objektskennzeichen am Verbum genau zum gegenteiligen Ergebnis.[66] Es ist also notwendig, die Argumentation der beiden Autoren nochmals zu überprüfen.

Ausgehend vom Nominalsuffix *-šu* mißt Ch. GIRBAL das Hattische am Schema der nominalen Ergativkonstruktion. Da jedoch eine Entscheidung nicht möglich sei, ob damit das direkte oder das indirekte Objekt markiert wird[67], und auch sonst keine Kasusmarkierung für "Subjekt" und "Objekt" im Hattischen nachweisbar sei, scheidet dieses Modell aus. In diesem Zusammenhang ist es notwendig, auf das Nominalpräfix *eš-* einzugehen, das u. a. von A. KAMMENHUBER mit "Akkusativ Plural" bestimmt wurde.[68] Nun scheint es aber in der Tat so zu sein, daß Präfixe als Subjekt- oder Objektmarkierung überhaupt nicht zu belegen sind.[69] Da wir für das Hattische eine Funktionskumulation der

---

62 Vgl. A. KAMMENHUBER, *HdO*, 502, 543.

63 Die Deutung des Verbalpräfixes *ta-* als Subjektskennzeichen der 3. Person (Sg.) beim intransitiven und als Kennzeichen des direkten Objekts im Singular beim transitiven Verb ist nur mit einer an einer ergativischen Sprachstruktur orientierten Kodierung der syntaktischen Funktionen "Subjekt" und "Objekt" vereinbar.

64 Vgl. H.-S. SCHUSTER, 105f. c. n. 230; I. M. DUNAEVSKAJA, *OLZ* 68, 1973, Sp. 19f. und I. M. Diakonoff, ebd. Sp. 6.
Im Rahmen seiner Arbeit "*The Intransitive-passival Conception of the Verb in Languages of the Ancient Near East*" (in F. PLANK [Hrsg.], *Ergativity*, 1979, 185-216) hat G. STEINER auch das Hattische berücksichtigt.

65 Ch. GIRBAL, 1986, 137-140.

66 P. TARACHA, *AoF* 15, 1988, 59-68, bes. 59-63; die Arbeit von Ch. GIRBAL konnte der Autor nicht mehr berücksichtigen, vgl. ebd. 59 n. 4.

67 Das Morphem *-šu* kennzeichnet m. E. die akkusativische Funktion; die hethitische Übersetzung konstruiert die Verben *ḫalzai-* und *kalleš-* eindeutig transitiv, wobei das im Hattischen mit *-šu* versehene Wort auch in der Übersetzung als direktes Objekt markiert wird; das gilt auch für die Form *ú-uk-šu-pa* in 412/b+ Vs. 10. Interessant ist außerdem, daß *-šu* am Nomen zur Kennzeichnung des Akkusativs gerade in Sätzen auftritt, bei denen Subjekt und Objekt nicht auch unmarkiert – im Rahmen einer Belebtheitshierarchie – identifiziert werden können.

68 Vgl. A. KAMMENHUBER, *HdO*, 47S; Ch. GIRBAL berücksichtigt, soweit ich sehe, in der gesamten Arbeit dieses Präfix nicht; auch nicht im Abschnitt "Deklination des Substantivs" in der Zusammenfassung zur Grammatik.

69 Vgl. A. HAWKINS und G. GILLIGAN, 1988, 222f. c. n. 3; lediglich lokale oder adverbiale Kasuspräfixe seien nachweisbar.

Affixe nicht erwarten (und bisher auch in keinem Fall nachweisen können), dürfte *eš-* lediglich den Plural bezeichnen.[70]

Auch eine Ergativkodierung verbaler Art, wie z. B. im Abchasischen, sei für das Hattische nicht nachweisbar. Da jedoch die in der bisherigen Forschungsliteratur vorliegenden Deutungen bestimmter Konstruktionen und Präfixmorpheme des Verbums auf der Grundlage einer ergativischen Sprachstruktur nicht widerlegt werden, kann diese Aussage nicht überzeugen.[71]

Die vom Verfasser als einziger Beweis gegen eine ergativische Sprachstruktur angeführte Verbalform *te-eš-ku-u-uk-ku*[*-uḫ-ḫu-u̯a*[72] (KUB 48.32, 8) wird – unter Annahme einer Assimilation – als *te=eš=kunkuhhu=a* analysiert, mit dem Präfix *eš-* "sie" (Pl.), das sonst nur bei transitiven Verben belegt sei. Subjekt eines transitiven und eines intransitiven Verbums wären also gleich markiert, was dem Schema einer Ergativsprache widerspricht. Alle vom Verfasser angeführten Belege[73], soweit sie vollständig genug erhalten sind, zeigen jedoch ausschließlich die Graphie °*-ku-un-ku-*°, niemals Pleneschreibung und niemals Assimilation, so daß ich es für eher unwahrscheinlich halte, daß gerade dieser beschädigte Beleg entsprechend zu ergänzen und unter Annahme einer Assimilation[74] zu den genannten Formen zu stellen ist. Die Deutung als Intransitivum bleibt also sehr unsicher, womit dieses Argument entfällt.[75]

Einen ganz anderen Weg geht P. TARACHA. Er versucht, im Anschluß an I. M. DUNAEVSKAJA, nachzuweisen, daß die bisher vorwiegend als Kennzeichen für das Subjekt bei transitiven Verben interpretierten Verbalpräfixe *an-* (3.Sg) und *a/eš-* (3. Pl.) vielmehr Objektkennzeichen darstellen, da vor allem *a/eš-* auch dann auftritt, wenn das Subjekt singularisch, das Objekt pluralisch konstruiert sei. Das einzige dafür beigebrachte Beispiel aus der Bilingue 412/b+ ist m. E. nicht überzeugend; zwar steht in der hethitischen Übersetzung tatsächlich *išḫu̯u̯aš* (3. Sg. Prt.), doch ist inhaltlich eindeutig von

---

70 Für *le-* "Nominativ Plural" gilt entsprechendes.

71 Keines der Beispiele aus den oben in Anmerkung 62ff. genannten Arbeiten wird berücksichtigt.

72 So die Umschrift bei Ch. GIRBAL, 140; bei der Besprechung der entsprechend Textstelle hat er jedoch richtig *te-eš-ku-u-uk-x*[umschrieben (ebd., 131) und nicht ergänzt. Das beschädigte Zeichen könnte *ḫu* zu lesen sein, was aber nicht zu der von Ch. GIRBAL vorgeschlagenen Interpretation mit Doppelschreibung des *ḫ* passen würde.

73 Vgl. Ch. GIRBAL, 1986, 127ff.; die Zahl läßt sich durch weitere Belege, für die dasselbe gilt, noch mehr als verdoppeln.

74 Die Vermutung, daß in der Form *ku-uk-ku-wa-i-i̯a* derselbe Stamm, allerdings als Nomen *kunku* "Leben" vorliegen soll, halte ich, wie auch die Ausführungen zum Bergnamen Kunkumušša für nicht beweisbar; vgl. Ch. GIRBAL, 1986, 134f.

75 Ähnliches gilt für den Präfixkomplex *teš-*, dessen Analyse noch nicht als gesichert gelten kann; vgl vorerst zum Problem A. KAMMENHUBER, *HdO*, 505f.

einem pluralischen Subjekt auszugehen, und die hethitische Übersetzung darf nicht überbewertet werden.[76]

Tatsächlich zitiert P. TARACHA selbst einen Beleg, der m. E. deutlich dafür spricht, daß das Verbalpräfix bei einem pluralischen Subjekt im Plural mit singularischem Objekt steht, nämlich KUB 2.2 II 45f. : *an-na eš-ka-a-ḫé-er-bi ta-ba-ar-na*[(*-an ka-at-te-e*)] / *le-e-wa*$_a$*-e-el.*[77] Es besteht kein Grund anzunehmen, daß *le-* hier Pluralkennzeichen und nicht Possessivum ist; *le=u̯el* wird in allen Belegen mit hethitischer Übersetzung als Singular wiedergegeben; der Plural ist als *u̯a*$_a$*-a-u̯i*$_i$*-il* in KUB 28.106, 5' belegt.[78] Daß sich weitere eindeutige Beispiele für *le-* als Possessivum nicht anführen lassen, als die bei P. TARACHA gebotenen, entspricht sicher nicht der Beleglage.[79] Damit ist meiner Meinung nach die herkömmliche Interpretation von *a/eš-* bestätigt[80] und auch die Uminterpretation von *an-* unnötig, das sich, wie auch P. TARACHA zugesteht, kaum anders als im Zusammenhang mit dem Subjekt (Sg.) das transitiven Verbs erklären läßt.[81]

Welche Schwierigkeiten die Interpretation der hattischen Verbalmorphologie nach ergativem Schema bereiten kann, zeigt auch P. TARACHAS Analyse von verbalem *te-*. Es soll "die Prekativformen der 3. Person Sg. und Plur. (mit dem Pluralmorphem *eš-*)" kennzeichnen.[82] Da *te-* aber bei transitiven und intransitiven Verbalwurzel auftritt, erklärt er alle prekativen Verbalformen als intransitiv – unabhängig von der Bedeutung der Verbalwurzel. Das Präfix *eš-* soll jetzt aber doch wieder das Objekt bezeichnen,

---

[76] Daß hier eigentlich zwei Personen das Subjekt bilden, also Plural zu erwarten wäre, hat auch P. TARACHA gesehen. Seiner Meinung nach beweist aber KUB 28.4 Vs. 11a "daß im Hattischen bei zwei Personen als Subjekt das Prädikat in der Einzahl vorkommt". Mir ist die entsprechende Form noch nicht völlig klar, aber berücksichtigt werden sollte, daß dieser hattische Satz in zwei Versionen vorkommt (wobei alle Fassungen übereinstimmen; die hethitische Übersetzung ist nur von einer Fassung erhalten) :

11 ud-u-u̯a$_a$ ta-a-ú-u̯a$_a$ tu-ú-pí ta-aḫ-ku-u̯a-at

18 tu-ú-pí ta-ú-u̯a$_a$ še-eḫ-ku-u̯a-at

Man beachte, daß formal *ud-u-u̯a*$_a$ durchaus auch ein Verbum sein könnte; in der zweiten Version fehlt jeweils das erste Wort, die beiden nominalen Subjekte sind umgestellt und das Präfix *ta-* wird durch *še-* ersetzt, das ein Allomorph von *eš-* sein könnte.

[77] Unklar bleibt mir das Ausrufezeichen nach der Bemerkung "in der Reihenfolge Determinierendes+Determiniertes !"; sowohl für das Hattische als auch für das Hethitische ist der vorangestellte Genitiv die übliche Konstruktion.

[78] Trotz der Ausführungen von P. TARACHA, 1988, 63ff. teile ich die Bedenken von A. KAMMENHUBER, *HdO*, 465 und von H.-S. SCHUSTER (z. B. S. 92), ob überhaupt ein Pluralkennzeichen *le-* existierte. Auch Ch. GIRBAL geht in seiner Interpretation von *le-* nicht mehr davon aus, daß es sich dabei um ein Pluralkennzeichen handelt (1986, 141ff.).

[79] Vgl. nur die Beispiele bei A. KAMMENHUBER, *HdO*, passim.

[80] Ein Zusammenhang mit dem Nominalpräfix *eš-* scheint mir keineswegs ausgeschlossen; eventuell haben wir auch mit einem Allomorph *še-* zu rechnen.

[81] Die beiden Beispiele für intransitive Sätze sind unglücklich gewählt; zu *ta=niw=aš* hat das Duplikat H Vs. 7' *a-an-ni-u̯a-aš*, und KUB 2.2 III 53 bietet in vergleichbarem Kontext *a-ta-ni-u̯a*$_a$*-aš*. Der Beleg aus KUB 28.6 erlaubt auch die Segmentierung *ka=ur(a)=an tiu* (*-(a)n* in Abhängigkeit von *ka-*), womit *tiu* eine normale intransitive Form darstellt.

[82] P.TARACHA, *OLZ* 84/3, 1989, Sp. 264 Z. 11-13.

so daß eine intransitive Verbalform über Subjekt- und Objektanzeiger verfügt.[83] Die in diesem Zusammenhang gebotene Übersetzung "er-sie-soll schützen" der hattischen Verbalform *te=eš=ga=šuḫ-t=a*[84] ist ganz unsicher, da die entsprechende hethitische Verbalform von E. LAROCHE auf der Grundlage einer Emendation ergänzt wurde.[85] Der Satz, zu dem diese Verbalform gehört, ist nicht vollständig erhalten, jedoch läßt sich in der Lücke zu Beginn der Zeile KUB 28.1 Rs.? IV 39' ein *te=pin(u)*[86] (als Rektum zum vorangestellten Regens im hattischen Kasus Obliquus) mit einiger Wahrscheinlichkeit ergänzen, womit sich die Entsprechung zu DUMU.NAM.LÚ.U$_{19}$.LU des hethitischen Textes ergibt. Es liegt also ein singularisches Objekt vor, entgegen der Analyse P. TARACHAS von *eš-* als Objektmarker des Plurals.

Die Existenz eines Akkusativmorphems und die Kongruenz des Verbums mit dem Subjekt in transitiven Sätzen sind Merkmale, die für eine Ergativsprache nicht zu erwarten wären. Wenn eine Sprache ergativische Kasusmarkierung am Nomen zeigt, so gilt dies am ehesten für den Ergativ, der Absolutiv stellt in der Regel den unmarkierten Fall dar.[87] Es spricht also derzeit einiges dafür, daß das Hattische keine Ergativsprache war.

Adresse de l'auteur :

Sprachwissenschaftliches Institut
der Ruhr-Universität
Postfach 10 21 48
D-44780 Bochum
Allemagne

---

83 Vgl. ebd., Anm. 10 : "Für diese Reihenfolge der Anzeiger des Subjekts und Objekts beim intransitiven Verb..." [!].

84 So die Analyse von P. TARACHA, *OLZ* 84/3, 1989, 264 n. 10.

85 Vgl. dazu auch A. KAMMENHUBER, *HdO*, 506f.

86 Vgl. z. B. 950/c Vs. I 5' : *za-a-ri-ú-un te-pí-i-nu-u*; KUB 28.18 Vs. 12 *za-a-ri-u-un te-pé-e-in*.

87 Vgl. R. L. TRASK, *On the Origins of Ergativity*, in: F. PLANK (Hrsg.), *Ergativity*, 1979, 385f. (sub Punkt 3).

BCILL 78 : *HETHITICA XII*, 41-77

QUESTIONS ORACULAIRES CONCERNANT LE NOUVEAU DÉROULEMENT DE FÊTES SECONDAIRES DE PRINTEMPS ET D'AUTOMNE = *CTH* 568*

R. LEBRUN
Institut catholique de Paris

Le nombre de duplicata – dont certains assez longs – retrouvés à ce jour et bien identifiés concernant le problème d'une réforme de fêtes avec, en vedette, la fête *ḫadauri* souvent citée dans les descriptions festives, souligne à la fois l'importance du problème posé par cette réforme aux yeux des Hittites et, par ailleurs, la nécessité d'une mise en place de la documentation et de sa publication intégrale.

Les manuscrits cunéiformes sont :

A. ABoT 14 + KBo XXIV 118
B. KUB XXII 27
C. VBoT 131
D. KBo XXIV 119
E. Frgt in *JCS* 24 (1972), 176 n° 78
F. KUB L 82
G. KUB L 32
H. KUB L 33
I. KUB L 34
J. 239/f (cf. H. OTTEN, *BiOr* 8, 1951, 229; *ZA* 53, 1959, 182)
K. KBo XXX 22
L. KBo XXX 23

---

* J'adresse des remerciements tout particuliers au Professeur Dr. Erich NEU qui a relu mon manuscrit et m'a fait bénéficier de ses très utiles observations.

BIBLIOGRAPHIE

H. OTTEN, *Fs. Friedrich*, 1959, 358;

Ph. HOUWINK TEN CATE, *Fs. Güterbock* (= *Kaniššuwar*), 1986, 97 sqq.;

PH. HOUWINK TEN CATE, *Fs. Otten* (= *Documentum Asiae Minoris*), 1988, 180 sqq.

À remarquer qu'il est possible que les textes VAT 7687 et KUB LIV 95 appartiennent aussi à la réforme des fêtes *ḫadauri*.

D'autre part, Ph. HOUWINK TEN CATE, *Kaniššuwar*, 97, pense que le fragment J appartient à la première partie du texte laquelle se termine en B I 31'. De ce fragment non encore publié nous ne connaissons que le passage suivant :

239/f 11, 13 : ... EZEN4 ḫa-da-ụ-rị 10 UDU $^{lú.meš}$IGI.DU8.A [pianzi].

Quant au petit fragment E, il fait partie d'un lot de dix fragments hittites appartenant au Gulbenkian Museum de l'Université de Durham où il est conservé sous le n° 2467. La fin de quatre lignes appartenant peut-être à la colonne I est lisible ainsi que un signe et trois signes fragmentaires de ce qui serait la seconde colonne. On peut ainsi transcrire :

x+1	E]ZEN4 ^{d}Ḫa-ša$^{!}$-u-ri
2'	^{d}]Ḫa-tág-ga
3'	]x ^{d}Ḫa-ṣa-me-DINGIR^{lim}
4'	]x a$^{?}$ x x

À la colonne II$^{?}$, au début de la ligne correspondant à I x+1, on peut lire 4 ou NINDA suivi du début d'un signe; au-dessus du signe 4/NINDA ainsi qu'au-dessous, on distingue chaque fois le début d'un signe. Comme J, ce fragment appartient vraisemblablement à la première partie du texte. À noter la graphie fautive *Ḫašauri* pour *Ḫatauri* (relevons l'emploi du déterminatif divin), ^{d}*Ḫatagga* (graphie tardive) pour l'habituel *Kattaḫḫa* ainsi que la graphie ^{d}*Ḫa-ša-me*-DINGIR^{lim} à lire *Ḫašame-ili* et à rapprocher de la graphie ^{d}*Ḫa-ša-am-mi*-DINGIR^{lim} de 704/z, 6. Le texte E daterait de la seconde moitié du 13e s. av. J.-C.

En ce qui concerne la présentation des tablettes, je rejoins globalement l'analyse donnée par le Professeur HOUWINK TEN CATE, notamment dans le *Fs. Güterbock = Kaniššuwar*, 97-98. Le texte de base pour l'édition = texte A remonte probablement à la fin du 13e s. av. J.-C. Plusieurs raisons plaident en faveur de cette datation tardive. Tout d'abord, observons le fait que la tablette comporte trois colonnes au recto et trois colonnes au verso. La forme de plusieurs signes est aussi significative : ainsi, IM (I 10'), SAR (*passim*, entre autres dans la notation de *ḫal-ku-eš-šar* bien que la forme tardive alterne avec la forme classique), SAG (cf. SAG.ME), DA (*passim*) avec la ligne horizontale du milieu du signe non interrompue, ou encore ḪAR (cf. la formule fréquente en fin d'interrogation oraculaire : *malan ḫar-ti*). Il faut encore relever les graphies *nir* au lieu de *ni-ir* et *pir* au lieu de *pí-ir*. Le fragment D où on notera la forme tardive du signe LI peut être daté du 13e s. av. J.-C., tout comme, probablement, le texte E. Le manuscrit B dont d'importantes sections sont conservées, comporte deux colonnes larges sur chaque côté de la tablette de sorte que, en moyenne, une ligne de A équivaut à une demi ligne de B. Bien qu'antérieur à A, l'exemplaire B doit aussi remonter au 13e s.; une telle datation se déduit de la forme des signes MEŠ (I 9, 12, 29), URU (IV 5, 15) bien qu'il y ait la forme plus ancienne du signe en IV 39, SAR (*passim*) ou encore Ù. Le fragment C n'est pas datable car trop petit. Pour G, le 13e siècle s'impose aussi vu la forme des signes URU, TAR, SAR et l'emploi des graphies *pir* pour l'habituel *pí-ir* (*e-ep-pir*) et *nir* au lieu de *ni-ir*. Les manuscrits I (cf. SAG) et K (cf. E, SAR) semblent récents. Le texte F est remarquable car il présente un mélange de signes de forme ancienne (encore utilisée au 14e s.) et de forme tardive; ainsi, face à la forme plus ancienne de AḪ, SAG, SAR figurent les formes récentes de DA (3', 7') et IT (5'). La forme récente de NAR en H autorise aussi une date récente pour ce manuscrit.

Ainsi, l'ensemble des manuscrits consiste en copies du 13e siècle dont une (A) fut réalisée à la fin de l'Empire. Le texte F constituerait une copie faite à partir d'un original du 14e siècle contemporain de Mursili II, un roi dont la responsabilité dans le renouvellement cultuel lié aux fêtes du printemps et de l'automne est évidente. Quelques duplicats du texte réformé ont pu être réalisés durant ce règne. Plus tard, durant le 13e s., de nouvelles copies (cf. nos manuscrits) furent réalisées soit à l'initiative du couple Hattusili III - Puduhépa soucieux de restaurer les traditions religieuses anatoliennes, soit sur ordre de Tudhaliya IV dans le cadre de ses réformes religieuses; le manuscrit A pourrait remonter à la fin du règne de celui qui fut aussi le maître d'oeuvre du sanctuaire rupestre de Yazĭlĭkaya.

TRANSCRIPTION

Ro I

H I

1 EZEN4 ḫa-ta-u-ri ku-it *IŠ-TU ṬUP-PI* ú-e-e [ḫ-ta-ri]

2 nu-kán *A-NA ṬUP-PI* 10 UDU i-ya-an- <zi> 10 UDU-wa-kán[

3 a-da-tar-ma GAL$^{\text{ḫi.a}}$ aš-nu-mar *Ú-UL* ku-it-ki [

4 u-ni 9 UDU *A-NA* ^{d}U ši-pa-an-da-an-zi 1 [UDU-ma *A-NA* ^{gud}Še-er-ri]

5 *Ù A-NA* ^{gud}Ḫu-ur-ri ši-pa-a[n-da-an-zi

6 ^{m}Ša-pu-ḫa-LÚ-iš ma-aḫ-ḫa-an x [

A I

x+1

7 *AŠ-RA* LÚ *ME-ŠE-DI* ku-in *IŠ-T*[*U*

8 ^{lú}NAR-ma iš-ḫa-mi-iš-[ki-iz-zi nu ma-aḫ-ḫa-an]

9 zi-in-na-i a-pa-a-aš-ma[10 UDU$^{\text{ḫi.a}}$ ku (-i-e-eš ḫu-u-k) án-zi]

10 nu ḫu-u-ma-an-da-aš š[(u-up-pa da-an-zi) 9 UDU$^{\text{ḫi.a}}$ *A-NA* É.GAL$^{\textit{lim}}$ (ma-ni-ya-aḫ-ḫa-an-zi)]

11 1 UDU-ma-kán da-li-y[(a-an-zi 1 DINGIR)$^{\textit{lum}}$-za *QA-TAM-M*(*A* ma-la)-a(-an ḫar-ti)]

H A

7' [(n)]u ḫa-an-te-ez-zi SIG5-r[u? EGI]R-zi-ma

8' NU.SIG5-du IGI-zi2 *TE*^{meš} ni [ši] ta zi GAR-ri

H I A I	9’	12 ŠÀ *TIR* SIG5 EGIR *TE*^{meš} [(ni ši)] SAG.ME NU.SIG5

	10’	*I-NA* É ^{d}IM ma-aḫ-ḫa-an E[ZE]N4 ḫa-da-u-ri
	11’	i-e-er nam-ma-ya ku-e É[^{meš}.]DINGIR^{meš}
	12’	EZEN4 ḫa-da-u-ri-iš ku-e-da-aš *A-N*[*A*] Ẹ^{meš}.DINGIR^{meš}
	13’	i-ya-an-za na-an *A-NA* É ^{d}U m[a-aḫ-ḫa-a]n
	14’	[i-]ẹ-er a-pé-e-da-aš-šà-an *A-NA* Ẹ[^{meš}. DINGIR$^{m]eš}$
	15’	[ḫu-u-m]a-an-da-aš *QA-TAM-MA* i-ya-a[n-zi]
	16’	[DINGIR^{lim}-z]a *QA-TAM-MA* ma-la-an ḫar-ti
	17’	[nu ḫa-a]n-te-zi *TE*^{meš} SIG5-ru E[GIR-zi *TE*^{meš}]
	18’	[NU.SIG5-d]u ḫa-an-te-zi *TE*^{meš} *A-N*[*A*
	19’	[ši-i-y]a-an NU.SIG5 EGIR ni ši 12 ŠÀ *T*[*IR* SIG5]
	20’	[EZEN4 ḫ]a-ḍa-u-ri *I-NA* É ^{d}I[M
	21’	[ ]Ẹ ^{d}KAL(-) x [
		Suite de la colonne perdue

Ro II en suivant A; début toutefois donné par B.

B I	x+1	x[(-)
	2’	U[R ou GÙ[B-

	B I	3'	*ŠA*, ša-[ou GUD[
		4'	EZE[N4 m]ạ-[a]ḫ-ḫa-an i-e-er *I-N*[*A*
		5'	*QA-TAM-Ṃ*[*A* D]INGIR^{lum}-za *QA-TAM-MA* ma-la-a-an [ḫar-ti]
B I 6'	A II	1	[(nu ḫa-an)-t]e-ez-zi *TE*^{meš}[3] x
		2	[(SIG5-r)]u EGIR-zi-ma NU.SIG5-du
		3	[(ḫa-a)]n-te-ez-zi *TE*^{meš}[4] ni ši
		4	[(GÙ)]B-la-az *MA-ḪI-IṢ*
		5	[1]2 ŠÀ*TIR* SIG5 EGIR-zi *TE*^{meš}[5]
		6	[(ni)]-eš-kán ZAG-na pé-eš-ši-ya-at
		7	[R]A^{iṣ} NU.SIG5
		8	Ẹ^{meš}. [(DINGI)]R^{meš}-ya ku-e TUR-*RU-TI*
		9	*ŠA* ^{d}Šu-li-kat-ti
		10	*Ù ŠA* ^{d}Ḫa-ša-am-mi-li
		11	EZEN4 ḫa-da-u-ri ku-e-da-aš
		12	i-ya-an-za na-an *I-NA* É ^{d}IM
		13	ma-aḫ-ḫa-an i-e-er a-pé-e-da-ša-an
		14	*A-NA* Ẹ^{meš}. DINGIR^{meš} *QA-TAM-MA* i-ya-an-zi
		15	DINGIR^{lim}-za[6] *QA-TAM-MA* ma-la-an ḫar-ti
		16	nu ḫa-an-te-ez-zi *TE*^{meš}[7] SIG5-ru

B I A II 17 EGIR-zi-ma NU.SIG5-du IGI-zi [8] *TE*meš [9]

18 ni ši 9 ŠÀ *TIR* NU.SIG5 EGỊR-zi

19 *TE*meš ni ši ki zi GAR-ri [10]

20 10 ŠÀ *TIR* SIG5

---

21 nu EZEN4 ḫa-da-u-ri *I-NA* É dU

22 ma-aḫ-ḫa-an i-e-er

23 lú*ME-ŠE-TUM*-ya-kán lúNAR-ya [11]

24 ma-aḫ-ḫa-an aš-nu-uš-kán-zi

25 *I-NA* É dKa-taḫ-ḫa-ya-an-kán

26 *QA-TAM-MA* aš-nu-wa-an-zi DINGIR*lim*-za [12]

27 *QA-TAM-MA* ma-lạ-ạ-an ḫar-ti

28 [(nu)] ḫ [(a-a)] n-t [(e-ez-zi) *TE*meš [12bis] SI(G5-ru)]

Suite donnée par B I

B I 19’ .... EGIR-zi-ma NU.SIG5[-du ḫa-an-te-ez-zi SUmeš]

20’ ni ši ta 10 ŠÀ *TIR* SIG5 E[GIR-z]i SUmeš ni ši zé-[ḫ]i-li-i[b-ša-ma-an NU.SIG5 - du]

21’ EZEN4 ḫa-da-u-ri *I-NA* É dỤ [m]a-aḫ-ḫa-an [SI x SÁ-at]

22’ [nu] *I-NA* É dŠu-li-kat-ti-yạ-an *QA-TAM-MA* [i-ya-an-zi]

B I	23’	DINGIR^{lum}-za *QA-TAM-MA* ma-la-a-an ḫar-ti nu ḫa-an-te-ez-z [i SIG5-ru]
	24’	EGIR-zi-ma NU.SIG5-du ḫa-an-te-ez-zi *TE*^{meš} ni š[i zi SIG5]
	25’	EGIR-zi *TE*^{meš} ni ši ta 12 ŠÀ *TIR* SIG5 GAL[$^{ḫi.}$]^{a} t[a$^{?}$(-)
D Ro III 1	26’	Ẹ̣ZEN4 ḫa-da-u-ri *I-NA* É ^{d}U ma-aḫ-ḫa-an [(SI x SÁ-at)]
	27’	[*I-N*]*A* É ^{d}Ḫa-ša-am-me-li-ya-an[13] *QA-TAM-MA* i-y[(a-an-zi)]
	28’	[(DINGIR)^{l}]^{um}-za[14] *QA-TAM-MA* ma-la-a-an ḫar-ti[15] ḫa-an-te-ez-zi *T*[*E*^{meš} SIG5-(ru)]
	29’	[(EGI)]R-zi-ma NU.SIG5-du ḫa-an-te-ez-zi *TE*^{meš} ni ši ta z[i GAR-(ri)]
D B	30’	[(x)*T*]*E-RA-NU*[16] SIG5 EGIR-zi[17] SU^{meš} ni-eš-kán ZAG-na pé-eš-š[i-y]a-a[t]
	31’	[(ZAG)-n]a-az[18] *MA-ḪI-IṢ* NU.SIG5
	32’	[ki-i]-ma EZEN4 ḫa-da-u-ri zé-e-na-an-ti ḫa-me-eš-ḫa-an-t[(i) e]-eš-ša-an-zi
	33’	[^{d}UTU^{ši}]-za ku-wa-pí EZEN4$^{ḫi.a}$ zé-e-na-an-da-aš i-[(ya-z)]i
	34’	nu EZEN4$^{ḫi.a}$ ku-e-uš *A-NA* ^{d}UTU^{ši} [ ]
	17	[e-eš-šu-u-wa-]an ti-an-z[i]
I II 1	18	[nu-za ^{d}UTU^{ši} (EZEN4$^{ḫi.a}$ ma-ši-ya-a)]n-di[19]

Manuscripts	Line	Text
I II, D III	19	[MU.KAM-ti (i-ya-zi a-pu-u-uš-ma EZEN$_4^{\text{ḫi.a}}$)]
I II, A III	1	ša-ku-wa-aš-ša-ru-us-pát ẹ-[(eš-ša-an-zi)]
I II, A III	2	*Ú-UL*-aš-kán ḫa-pu-ša-an-z[i]

I	A	Ro III		
			3	*IŠ-TU* DINGIR$^{\textit{lim}}$-ya-at *QA-TAM-MA*
			4	SI x SÁ-an-ta-at[20] *TE*^{meš}-ma ki-i
Kx+1			5	^{giš}ŠÚ.A-ḫi ZAG-an *ŠA* ^{d}U *Ù* ^{giš}TUKUL
			6	ZAG-na-aš[21] *ŠA* ^{d}U zi GAR-ri[22] 12 ŠÀ *TIR* S[IG$_5$]
Lx+1			7	EGIR-zi *TE*^{meš} SAG.ME NU.SIG$_5$

8	^{d}UTU$^{\textit{ši}}$-za ku-wa-pí EZEN$_4$ KI.LAM
9	i-ya-zi GAL LÚ^{meš} ^{giš}BANŠUR-ya
10	*ŠA* LUGAL ku-in EZEN$_4$ É ^{d}Ḫal-ki-ya-aš
11	e-eš-šu-u-wa-an ti-ya-an-zi
12	nu-za ^{d}UTU$^{\textit{ši}}$ EZEN$_4^{\text{meš}}$ [23] ma-ši-ya-an-ki
13	MU.KAM-ti i-ya-zi a-pu-u-un-ma[24]
14	EZEN$_4$ ša-ku-wa-aš-ša-ra-an-pát
15	e-eš-ša-an-zi pé-eš-kán-zi-ma[25] ki-i
16	2 GUD *IŠ-TU* É.GAL$^{\textit{lim}}$ pí-an-zi
17	40 UDU$^{\text{ḫi.a}}$-ma ḫal-ku-eš-šar-ra[26]

(Manuscript coverage: I and A run through lines 3–17 (I to line 8); Kx+1 from line 5 to 17; Lx+1 from line 7 to 11.)

K A III	18	*ŠA* É^{meš}-*ŠU-NU*-pát an-na-la-az
	19	tup-pí-an-za *QA-TAM-MA* i-ya-an[27]
	20	*I-NA* UD.2.KAM-ma LÚ^{meš} ^{giš}BANŠUR *ŠA* MUNUS.LUGAL
	21	*I-NA* É ^{d}NISABA *A-NA* ^{d}NISABA
Cx+1	22	EZEN4-an i-ya-an-zi pí-ya-an-zi-ma-aš-ši
	23	kị-i 1 GUD *ŠA* É.GAL^{lim}
	24	[2]0 UDU$^{ḫi.a}$-ma ḫal-ku-eš-šar-ra *ŠA* Ẹ^{meṣ}-*Ṣ̌[U-NU]*
	25	x[ ]x *ŠA* EZE[N4 (^{d}DAG-tị *ŠA* x)]
A C	5’	[EZEN4 ša-ku-w]a-aš-š[a]-ra-an-pát [e-eš-ša-an-zi]
	6’	[ ]x ḫ[a]l-ku-e-eš-ša[r *ŠA* É^{meš}-*ŠU-NU*]
	7’	[ ]ẹ$^{?}$ [i-]ya-an x [
	8’	[n]a$^{?}$-at-ši x [
	9’	[ ]x-x-x [

Suite perdue

Après une lacune, la suite du texte se base essentiellement sur A Vo IV dont le début est perdu mais peut être quelque peu restauré grâce à G II

G II	x+1	[*A*]*NA* ^{d}Ma-li-ya
	2'	[ ] x ku-in i-ya-an-zi
	3'	[DINGIR^{lum}-za *QA-TAM-MA* ma-la-an] ḫar-ti
G II 4' A IV	x+1	[(EG)]IR-zi *T*[*E*^{meš}[27bis] (NU.SIG$_5$-du)]
	2'	ḫa-an-te-zi *T*[*E*^{meš} ni ši (GÙB-lạ-az)]
5'	3'	RA^{iṣ}[28] zi GAR-ri 19̣?[29] [ŠÀ *TIR* SIG$_5$)]
	4'	EGIR-zi *TE*^{meš} ZAG-az R[(A^{iṣ} NU.SIG$_5$)]
	5'	nu DINGIR^{lim} 30 *IŠ-TU* É.GAL^{lim} EGIR-pa x[-]
	6'	ị-e-er na-an-kán É ^{d}Ma-l[(i-ya)]
	7'	ta-ni-nu-er UDU$^{\text{ḫi.a}}$-ma ku-iš
	8'	*ŠA* KÁ.GAL i-ya-an-za nu *IŠ-TỤ* Ẹ́.[(GAL^{lim})]
	9'	^{lú}KAŠ$_4$.E u-i-e-er nu KÁ.GAL
	10'	e-ep-pir nu 11 UDU e-ep-pir
	11'	nu 1-an *I-NA* ^{uru}A-ri-in-na
	12'	*A-NA* ^{d}A-ru-ni-it-ti pé-en-nir
	13'	10 UDU-ma ka-a pí-i-e-er
	14'	GUD-ma 40 NINDA 2 DUG KA.GAG
	15'	ḫal-ku-eš-šar LÚ^{meš}GAD.TAR
	16'	*IŠ-TU* É^{meš}-*ŠU-NU* pí-ya-an-zi[31]

G II A IV

17’ *ŠA* LÚ^{meš} wa-al--ḫi-ya-aš ku-iš

18’ MUNUS.LUGAL[32] É ši-ya-an-na-aš

19’ na-an LÚ^{meš} É.GAL *A-BU-BI-TI*

20’ GÙB-la-aš e-eš-ša-an-zi

21’ pé-eš-kán-zi-ma-aš-ši ki-i

22’ 1 GUD 1 UDU-ya *IŠ-TU* NINDA KAŠ-ya

23’ MUNUS.LUGAL É ši-ya-an-na-aš ku-iš

24’ *ŠA* É MUNUS.LUGAL na-an GAL L[Ú^{me}]^{š} [^{giš}BANŠUR$^{?}$]

25’ MUNUS.LUGAL e-eš-ša-i 5 N[INDA a-a-an$^{?}$]

26’ 2 DUG KA.DÙ *IŠ-T*[*U* NINDA KAŠ-ya]

27’ pa-a-i DINGIR^{lim}-za ma[-la-an ḫar-ti]

Fin de la colonne

La suite du texte est à retrouver en B III

B III

13’$^{?}$ x

14’ uš[-

15’ DINGIR/ an-x [

16’ nu DINGIR [

B III 17' nu-uš [(-)

18' 2 x [

19' x [

20' x [

lacune d'environ cinq lignes

26' uru$_{x}$ [

27' LÚ^{meš} É.[GAL

28' *Ù ANA* DINGIR^{meš} [

29' i-ya-an-zi 3 UDU [ḫal-ku-eš-šar *ŠA* É.GAL

30' EGIR-*ŠU*-ma LUGAL-uš ku-w[a-pí 'nom de ville à l'abl.'

31' ú-iz-zi *I-NA* É.GAL *A-BU-BI-TI*-ma [

32' i-ya-an-zi nu 3 UDU ḫal-ku-eš-šar *ŠA* É.G[AL

33' EGIR-*ŠU*-ma ^{uru}Ka-a-ša-ya-az ku-[wa-pí LUGAL-uš ú-iz-zi]

34' *I-NA* É *A-BU-BI-TI*-ma EZEN4 zé[-e-na-an-da-as i-ya-an-zi]

35' ḫal-ku-eš-šar *ŠA* É.GAL *A-BU-BI*[*-TI*

36' EGIR-*ŠU*-ma ^{d}UTU$^{\check{s}i}$ ku-w[a-pí

37' *ŠA* KASKAL *LI-IM* UDU$^{ḫi.a}$ x [

38' EZEN4 ^{d}A-ru-ni[-it-ti

B III

39' ḫa-at-ta-an-z[i (*ŠA* É x)]

B III 40' A Vo V

x+1 [ ]*ŠA* É.G[AL?

2' [(EGIR-*Š*)]*U*-ma ^{d}UTU$^{\check{s}i}$ ku-w[a-p]í

3' [^{uru}A-ri-]in-na-za ú-iz-zi

4' [(*I-NA* É.)]GAL *A-BU-BI-TI*-ma

5' [EGIR-pa] ú-wa-wa-aš EZEN4 i-ya-an-zi

6' [ḫal-k]u-eš-šar *ŠA* É.GAL *A-BU-BI-TI*-pát

7' [(ke-)]ẹ EZEN4$^{ḫi.a}$ zé-e-na-an-da-aš

8' [(*ŠA*)] É.GAL *A-BU-BI-TI* ZAG-na-aš

9' [k]e-e-da-aš-ma-kán *A-NA* EZEN4$^{ḫi.a}$ GAL$^{ḫi.a}$

10' [*Š*]*A* EZEN4^{meš} ITU aš-nu-ma-an-zi

11' ḫạ-an-da-an-da-at

12' ^{d}UTU$^{\check{s}i}$-ma ku-wa-pí la-aḫ-ḫa-az ne-ya-ri

13' nu ^{d}Zi-it-ḫa-ri-ya-an ku-wa-pí

14' *I-NA* É-*ŠU* tar-na-an-zi

15' nu-uš-ši EZEN4 ku-in i-ya-an-zi

16' nu 10 MÁŠ.GAL ḫal-ku-eš-šar *IŠ-TU* É.GAL

17' *A-BI* ^{d}UTU$^{\check{s}i}$ pí-an-zi an-tu-wa-aḫ-ḫa-an-ma

A V

18’ ku-in *IŠ-TU* É.GAL^{lim} *A-NA* DINGIR^{lim}

19’ [EGI]R-an u-i-ya-an-zi nu-kán GAL$^{ḫi.a}$

20’ ∢ a-pa-a-aš aš-nu-zi

Le contenu de la fin de A V et du début de A VI sont donnés par B IV.

B IV

1 [ ]x-ma-k[án

2 [ ]x-an-zi

3 [ ]GAL $^{lú.meš}$AG[RIG pí-a]n-zi ḫal-ku-eš-šar *ŠA* É ^{kuš} kur-ša-aš-pát

---

4 [EGIR-an-d]a-ma-kán DINGIR^{lum} [^{uru}Ḫ]a-at-tu-ša-az kat-ta

5 [nu *A-N*]*A* ^{uru}Ta-t[a-šu-]ụ-na pa-iz-zi *I-NA* UD.3.KAM ḫal-ku-eš-šar

6 [*IŠ-TU* É.]GAL ^{d}Kur-š[a-aš d]a-aš-kán-zi UDU$^{ḫi.a}$-ma-kán MÁŠ.GAL$^{ḫi.a}$ KASKAL-ši

7 [k]u-i-ẹ-ẹš da-[aš]-kán-z[i n]u a-pu-u-uš ḫu-u-ke-eš-kán-zi

---

8 na-aš-kán ^{uru}Ta-tạ-šu[-na-az a]r-ḫa pa-iz-zi nạ$^{?}$-ạš$^{?}$ an-da-an

9 ^{uru}Iš-tu-ḫi-la pa-iz-z[i nu LÚ^{m}]^{eš} URU^{lim} 1 MÁŠ.GAL 6̣ ^{ṇinda}ạ-ạ-an 3 NINDA.GÚG

10 2 NINDA KU7 pí-an-zi ^{uru}[Iš-t]u-ḫi-la-az-ma an-da-an ^{uru}Ḫa-ak-kụ-ra

B IV

11 pa-iz-zi nu LÚ^{meš} URU^{lim} [*IŠ-TU*] NINDA KAŠ *Ù* *IŠ-TU* MÁŠ.GAL *QA-TAM-MA*

12 pí-an-zi ḫal-ku-eš-šar *ŠA* [É ^{d}K]ur-ša-aš-pát nu-kán *I-NA* ^{giš}TIR an-da

13 *LI-IM* DINGIR^{meš} ^{d}Ta-aš-ḫa-pu-ni[ ] i-ya-an-zi

---

14 EGIR-*ŠU*-ma ^{d}Zi-it-ḫa-ri-y[a-aš *IT-TI*] ^{d}UTU^{ši} pa-iz-zi

15 ^{d}UTU^{ši}-kán ku-wa-pí ^{uru}Ḫa-at-[tu-ši ša-ra-]a ú-iz-zi

16 ku-e-da-ni-ma UD-ti ^{d}UTU^{ši} *I-*[*NA* URU^{li}]^{m} pa-iz-zi

17 *I-NA* É ^{d}Kur-ša-aš-ma EZEN$_{4}$ nu 4 [GUD.ŠE$^{ḫi.a}$ x UD]U$^{ḫi.a}$ LÚ^{meš} UR.GI$_{7}$

18 u-un-ni-ya-an-zi KUR-e-aš ḫu-u-ma-[an-da-aš a]r-kam-ma-aš

19 *IŠ-TU* É ^{d}Kur-ša-aš-ša 1 GUD.ŠE 3 U[DU$^{ḫi.a}$ u-un-ni]-ya-an-zi

A VI x+1

20 ḫal-ku-eš-š[a]r *ŠA* É ^{d}Kur-ša-aš-pát nu UD.3.KAM e$^{?}$-[e]š-ša-an-zi

---

21 EGIR-*ŠU*[-ma-za DIN]GIR^{lum}33 ^{lú}SANGA i-ya-zi 5 MÁŠ.GAL ḫal-ku-eš-[ša]r *ŠA* É^{ti}

F x+1 B IV 22 A VI

3' EGIR-an-da-ma E[(ZEN4 zu-up-pa-ri)] ị-ya-ạn-zị

4' nu *IŠ-TU* É.GAL*l*[(*im* 2 MÁŠ.)GA(L ḫal-ku)]-eš-šar-ra

5' da-an-zi lú.meš [(DUGUD-ya an-d)]a ú-da-an-zi[34]

6' nu EZEN4 i-ya-an-z[(i ki)]-i EZẸN4ḫi.a

7' zé-e-na-an-ta-aš[35] ḫa-ạm-mi-iš-ḫa-an-ta-aš-ša[36]

8' nu-uš-ši EZEN4 te-et-ḫu-u-wa-aš[37] DÙ-an-zi[38]

9' nu[39] 1 MÁŠ.GAL 1 UDU lú.mešDUGUD! u-un-ni-an-zi[40]

10' ḫal-ku-eš-šar-ma *ŠA* GAL LÚmeš[41] *ME-ŠE-DI*

11' ma-ni-ya-aḫ-ḫi-ya-aš ú-da-i nu *A-NA* DINGIR*lim*

12' EZEN4 i-ya-an-zi

13' [(E)]GIR-*ŠU*-ma[42] EZEN4 Aš-ka-ši-pa i-ya-an-zi

14' 1 MÁŠ.GAL[43] *ŠA* É.GAL lú.mešSIPAD da-an-zi[44]

15' [(ḫal-k)]u-eš-šar *ŠA* É Kur-ša-aš-pát[45] da-an-z[(i)]

F B IV A VI

16’ ^{d}UTU^{ši}-ma ku-wa-pí *I-NA* $^{\text{hur.sag}}$Piš-ku-ru-nu̥-wa[46] pḁ-i̥z-zi̥

17’ nu a-pé-e-da-ni UD-ti 1 MÁŠ.GAL LÚ̥^{meš}

18’ É̥ *A-BU-BI-TI*-pát pí-an-zi ḫal-ku̥-eš-šar

19’ *ŠA* É ^{d}Kur-ša-aš-pát

20’ lu-uk-kat-ti-ma-kán[47] ma-aḫ-ḫa-an ^{d}UTU^{ši}

21’ *I-NA* $^{\text{hur.sag}}$Piš-ku-ru-nu-wa[48] ša-ra-a pa-iz-zi

22’ nu̥ 10 MÁŠ.GAL *IŠ-TU* É.GAL ^{lú}SIPAD[49]

23’ [(p)]í-an-zi ḫal-ku-eš-šar *ŠA* É ^{d}Kur-ša-aš-pát

24’ [*ŠA* É.]GAL *A-BU-BI-TI* da-an-zi[50]

25’ [(EZEN4 ITU.KAM-y)]a-aš-ši i-ya-an-zi nu 1 MÁŠ.GAL

26’ [(*IŠ-TU* É.G)]AL SIPAD[51] pí-an-zi

27’ [(^{d}KAL UR.MA)]Ḫ *I-NA* É UR.MAḪ

28’ [-(ra e-eš-ša-a)]n-zi 1 MÁŠ.GAL

29’ [(*IŠ-TU* $^{\text{lú.meš}}$DU)GUD pí-a(n-z)]i 3 NINDA ḁ-ḁ-ḁn

30’ [(1 DUG KAŠ … suite et fin donnés par B IV 39 sqq.

B IV

39 $^{\text{lú.meš}}$*BE-EL* ^{uru}Ḫa-at-ti[ ]EZEN4 -ya e-eš-ša-an-zi

B IV 40 nu 1 UDU $^{\text{lú.meš}}$IGI.DU$_8$.A p[é-e-er n]a-at *Ú-UL* nam-ma

41 pé-eš-kán-zi nu-wa-r[a- m]eš šu-u-mi-ni

Apparat critique

1. A I 6' : [t]a-li-ya-an-zi ou [d]a-li-ya-an-zi; 2. H I 13 : ḫa-an-te-ez-zi; 3. B I 6' : SU^{meš}; 4. B I 7' et 5. B I 8' : SU^{meš}; 6. B I 12' DINGIR^{l}[^{um}; 7. B I 13 : SU^{meš}; 8. B I 13 : ḫa-an-te-ez-z[i]; 9. B I 14 : SU^{meš}; 10. B I 15 : ki-ịt-tạ-ri; 11. B I 17 : om. -ya; 12. B I 18 : [(DINGI)]R^{lum}; 12bis : B I 19 : S[U^{meš}; 13. D III 3 : ^{d}Ḫ]a-ša-am-mi-li-ya-an; 14. D III 4 : DINGIR^{lim}-za; 15. D III 5 : add. nu = ḫarti nu; 16 D III 8 : x ŠÀ*TIR*; 17. D III 9 : add. *TE*^{meš}; 18. D III 10 : ZAG-za; 19. I II 1 : ma-ši-ỵa-ạn-tị; 20 I II 3 : SI x SÁ-at; 21. I II 4 : ZAG-aš; 22. K 2' : k]i-it-ta-ri; 23. K 5' : EZEN$_4$$^{\text{ḫi.a}}$; 24. a-pu-u-u]n, om. -ma; 25. K 7' : pé-eš-]kán-zi, om. -ma; 26. K 8' : ḫal-ku-e-eš-šar-ra; 27. K 9' : *QA-TAM-MA*, i-ya-an *omitti videtur*; 28. G II 5' : *MA-ḪI-IṢ*; 29. G III 1 : 12; 30. G III 2 : DINGIR^{lum}; 31. G III 8 : pí-an-zi; 32. G III 9 : difficile de reconnaître kuis MUNUS LUGAL d'après les traces de signes; 33. A VI x+1 : D]INGIR^{lim}; 34. B IV 23 : an-da ú-wa-an-zi; 35. B IV 24 : zé-e-na-an-da-aš, et F 4' : zé-ya-na-an-t[a-aš; 36. B IV 24 : ḫa-me-eš-ḫa-an-da[-aš-ša, et F 4' : ...-ḫa]-an-da-[; 37. F 5' : te-et-ḫu-wa-aš; 38. B IV 25 : i-ya-an-zi, et C 5' : i-y[a-; 39. B IV 25 : om. nu; 40. B IV 26 : u-un-ni-ya-an-zi; 41. B IV 26 : om. LÚ^{meš}, et F 6' : LÚ *ME-ŠE-D*[*I*; 42. F 8' : EGIR-an-ma; 43. B IV 28 et C 8' : nu 1 MÁŠ.GAL; 44. B IV 29 : ú-da-an-zi; 45. B IV 29 : É ^{d}Kur-ša<-aš>-pát, et F 9' : É ^{d}Kur-š[a-; 46. F 11' : Piš-ku-<ru>-nu-wa; 47. F 14' : lu-uk-kat-ta-ma-kán; 48. F 15' : Piš-ku-<ru>-nu-wa; 49. B IV 34 et F 16' : $^{\text{lú.meš}}$SIPAD; 50. B IV 35 : pí-an-zi; 51. B IV 36 : $^{\text{lú.meš}}$SIPAD.

Traduction

Ro I

H I 1 Puisque la fête *ḫatauri* [est] modi[fiée] d'après une tablette [

2 et que sur la tablette on traite dix moutons, dix moutons [

3 mais il n’y a rien quant (à la façon) de manger (et) de disposer les coupes [

4-5 Offrira-t-on ces neuf moutons au dieu de l’orage [et] offrir[a-t-on] un [mouton à Šeri] et à Ḫurri ? [

6 Comment Sapuḫa-ziti [

---

7 Le terrain de l’homme de la garde que dep[uis

8-9 et [quand] le chanteur cessera-t-il de chant[er ?]. Et à ces [dix moutons qu]e l’on abat[tra,]

10 prendra-t-on les viandes sacrées à tous ? Enverra-t-on neuf moutons au palais

11 et laissera-t-on un mouton ? O dieu, as-tu approu[v]é [cette façon de fai]re ?

A I 7’ Donc que les premières (entrailles) soie[nt] favorables et que les [derni]ères

8’ soient défavorables. Les premières entrailles : le foie, le [*šintaḫi*$^{?}$), le renforcement, le *zizaḫi* est couché,

9’ 12 circonvolutions : favorable; les dernières entrailles : le *ni*, le *ši*, un SAG.ME : défavorable.

10’-15’ En ce qui concerne la manière dont on a célébré la f[ê]te *ḫadauri* au temple du dieu de l’orage et ensuite quels (furent) les temples dans lesquels la fête *ḫadauri* a été célébrée, pour [tou]s ces te[mple]s aussi célèbre[ra-t-on] (la fête) de la même façon [qu’] on la [cé]lébra au temple du dieu de l’orage,

16’ [ô dieu,] as-tu approuvé cette façon de faire ?

17’ [Donc,] que les [premi]ères entrailles soient favorables, que les der[nières entrailles]

18’ soien[t défavorables;] les premières entrailles [

19’ [comprim]é : défavorable; les dernières : le foie, la présence, 12 circonvolu[tions : favorable.]

20’ [comment la fête] *ḫadauri* dans le temple du dieu de l’orage [

21’ [ ]temple du dieu Protecteur [

Ro II

B I 4’-5’ Quant à la fê[e x la célébrera-t-on] comm[e] on la célébra dan[s … ?] O [d]ieu, [as-tu] approuvé cette façon de faire ?

A I 1 Que les premi[è]res entrailles

2 soient favorables et les dernières défavorables.

3 Les premières entrailles : le foie, la présence,

4 meurtrissure à gauche,

5 [1]2 circonvolutions : favorable; les dernières entrailles :

6 le foie pressait à droite,

7 [une meur]trissure : défavorable.

8-15 À propos des temples de Šulikatti et Ḫasammili qui (sont) petits (et) dans lesquels la fête *ḫadauri* a été célébrée, procédera-t-on dans ces temples de la même manière qu'on l'a célébrée au temple dieu de l'orage ? O dieu, as-tu approuvé cette façon de faire ?

16 Que les premières entrailles soient favorables

17 et que les dernières soient défavorables. Les premières entrailles :

18 le foie, la présence, 9 circonvolutions : défavorable; les dernières

19 entrailles : le foie, la présence, la santé, le *zizaḫi* est couché,

20 10 circonvolutions : favorable.

21-27 Quant à la fête *ḫadauri*, la préparera-t-on au temple de Kattaḫḫa de la façon qu'on la célébrait au temple du dieu de l'orage et de la façon que l'homme de la garde et le chanteur continuent de la préparer ?

B I

19' Alors, que les premières entraill[es] soient [favo]rables et que les dernières [soient] défavorables. [Les premières (entrailles) :]

20' le foie, la présence, le renforcement, 10 circonvolutions : favorable; les der[niè]res entrailles : le foie, la présence, le *zeḫili*[*bšaman* : défavorable.]

21'-23' La fête *ḫadauri* (se passera-t-elle) au temple de Šulikatte de la même manière qu'elle [fut fixée par oracle] pour le temple du dieu [de l'orage] ? Que les premi[ères] (entrailles) soient favorables,

24' mais que les dernières soient défavorables. Les premières entrailles : le foie, la pré[sence, le *zizaḫi* : favorable;]

25' les dernières entrailles : le foie, la présence, le renforcement, 12 circonvolutions : favorable. [Le]s coupes ? [

26’-28’ Célébrera-t-on la fête *ḫadauri* au temple de Ḫasammeli de la façon que cela fut fixé par oracle pour le temple du dieu de l’orage ? Que les premières entrail[les] soient [favorables,]

29’ mais que les dernières soient défavorables. Les premières entrailles : le foie, la présence, le renforcement, le *z*[*izaḫi*] est [couché,]

30’ x [cir]convolutions : favorable; les dernières (entrailles) : le foie pres[s]ait à droite,

31’ meurtrissure à droi[t]e : défavorable.

32’ Et on [cé]lébrera cette fête *ḫadauri* au printemps (et) en automne.

33’ Lorsque [“Mon Soleil”] célébrera les fêtes du printemps,

34’ alors, en ce qui concerne les fêtes que pour “Mon Soleil” [ ]

I 17 [o]n commence à [célébr]er,

18-19 [“Mon Soleil”] célébrera les fêtes [annuellement] autant qu’il y en a, mais ces fêtes

A III 1 on les célébrera précisément de façon correcte,

2 on ne les recommencera pas,

3-5 et elles ont été fixées par oracle et par la divinité de la même façon [ ]; mais voici les entrailles : le trône de droite du dieu de l’orage et l’arme

6 de droite du dieu de l'orage, le *zizaḫi* est couché, 12 circonvolutions : favorable;

7 les dernières entrailles : un SAG.ME : défavorable.

8-11 Lorsque "Mon Soleil" célèbre la fête du KI.LAM, fête que le chef des gens de la table du roi commence à célébrer au temple de la déesse Ḫalki,

12-15 chaque année respective où "Mon Soleil" célèbre les fêtes, on célèbre cette fête précisément de la façon requise et on offre toujours ceci :

16 on donne deux bovins provenant du palais

17-19 mais quarante moutons et les provisions provenant précisément de leurs maisons sont effectuées conformément à l'ancienne tablette.

20-23 Le deuxième jour, les gens de la table de la reine célèbrent une fête en l'honneur de Ḫalki au temple de Ḫalki et ils lui offrent ceci : un bovin du palais

24 mais [ving]t moutons et les provisions (sont) de l[eurs] maisons.

---

25 [ ] de la fê[te] au Trône de x

26 [on célèbre la fête] précisément de façon [régu]lière

C 6' [ ], les pr[o]vision[s (sont) de leurs maisons]

7' [f]ait

8' [*et*] *id ei* [

G II x+1 [pou]r Maliya

2’ [ ]que l’on fera

3’ [ô dieu,] as-tu [approuvé cette façon de faire ?

A IV x+1 [ ] que les dernières entr[ailles] soient défavorables.

2’ Les premières entrai[lles : le foie, la présence,] à gauche

3’ une meurtrissure, le *zizaḫi* est couché, 16 circonvolutions : favorable;

4’ les dernières entrailles : à droite une meurtrissure : défavorable.

5’-10’ Alors, on célébrait à nouveau la divinité (sans doute Zitḫariya) hors du palais et on l’installait au temple de Maliya. (Celui) qui parmi les moutons (était) un mouton du portail de la ville (= lieu du marché), des coureurs le chassaient hors du palais. On prenait possession de la porte de la ville et on attrapait onze moutons.

11’-13’ On en emmenait un à Arinna pour Arunitta mais on offrait dix moutons ici.

14’-16’ Mais les (fonctionnaires) GAD.TAR donnent un bovin, 40 pains, deux cruches de bière spéciale (et) les provisions provenant de leurs maisons.

17’-18’ (Celle) qui est la (divinité) reine de l’entrepôt des hommes de la boisson *walḫi*,

19’-20’ les gens du palais de l’intendant de gauche (= au nord) la célèbrent

21’ et ils lui donnent toujours ceci :

22’ un bovin et un mouton avec du pain et de la bière.

23’-27’ (Celle) qui est la (divine) reine de l’entrepôt du palais de la reine, le chef des t[résoriers] de la reine la célèbre; il donne cinq p[ains chauds], deux cruches de bière spéciale avec [du pain et de la bière.]
O dieu, [as-tu] ap[prouvé ?]

B III 13’-26’ Trop fragmentaire pour proposer une traduction

27’ Les gens du pa[lais

28’ et aux dieux [

29’ on fait. Trois moutons, [les provisions (sont) du palais

30’ Après quoi, lors[que] le roi [depuis la ville de x

31’ vient et qu’au palais de l’intendant [

32’ on fait/on célèbre, alors, (il y a) trois moutons (et) les provisions du pa[lais.]

33’ Et ensuite, lo[rsque] depuis la ville de Kasaya [le roi vient]

34’ et qu’[on célèbre] dans la maison de l’intendant la fête [du] prin[temps,]

35’ (il s’agit) des provisions du palais [de] l’intendant.

36’ Après quoi, lors[que] “Mon Soleil” [

37’ de la route mille moutons [

38’ la fête pour Aruni[tta

39’ [on] abat [ ]du palai[s ?

A V	x+1	[ ] du pa[lais ?
	2’	Après quoi, lors[qu]e “Mon Soleil”
	3’	vient d’[Ari]nna
	4’-5’	et qu’on célèbre la fête du [re]tour au palais de l’intendant,
	6’	[les pro]visions (proviennent) justement du palais de l’intendant
		———
	7’	Ceci (ce sont) les fêtes de printemps
	8’	du palais de droite de l’intendant,
	9’-11’	mais pour [c]es fêtes-ci, il a été fixé par oracle de préparer les coupes [d]es fêtes du mois.
		———
	12’	Mais lorsque “Mon Soleil” s’amène du champ de bataille
	13’-14’	et lorsqu’on abandonne Zitḫariya dans son temple,
	15’	pour la fête que l’on célèbre pour lui,
	16’-20’	on donne dix boucs (et) des provisions cultuelles provenant du palais du père de “Mon Soleil” et l’homme que l’on envoie [ensui]te du palais derrière le dieu, celui-là range les coupes.
		———
B IV	2	ils [
	3	[x] le chef des in[tendants donne]nt; les provisions (sont) précisément du temple de la Toison.
		———
	4	[Ensui]te, la divinité descend de [H]attusa

5-7 [et] elle se rend [à] la ville de Tat[asu]na. Durant trois jours on [p]rend les provisions [venant du tem]ple de la Toi[son] mais les moutons (et) les boucs [q]ue l'on p[r]en[d] sur la route, on les abat.

8-12 Elle (= la divinité) quitte la ville de Tatasu[na] et se ren[d] à Istuḫila. [Les gens] de la ville donnent un bouc, six pains chauds, trois galettes, deux pains aigres. D'[Ist]uḫila elle se rend à Ḫakkura et les gens de la ville font de la même manière une offrande [avec] un pain, de la bière et un bouc. Les provisions (sont) uniquement du [temple de la T]oison. Alors, dans le bois

13 on célèbre les mille dieux (et) Tasḫapuni.

---

14 Ensuite, Zitḫariy[a ac]compagne "Mon Soleil".

15 Lorsque "Mon Soleil" [m]onte à Ḫat[tusa,]

16 le jour où "Mon Soleil" entre d[ans la ville,]

17-18 (il y a) une fête dans le temple de la Toison et les chasseurs amènent quatre [boeufs gras (et) x mou]tons. De tou[t] le pays [il y a un t]ribut;

19 [... ils amène]nt aussi hors du temple de la Toison un boeuf gras, trois mou[tons]

20 les prov[i]sions (sont) uniquement du temple de la Toison et on cé[lè]bre (la fête) durant trois jours.

---

21 Ensui[te,] le prêtre fête la [divi]nité : cinq boucs (et) les provisi[on]s de la maison.

A VI 3' Ensui[t]e, on célèbre la fête du flambeau.

4'-5' Du palais, on prend deux b[ouc]s ainsi que les provisions et les dignitaires (les) introduisent.

6' Alors, on célèbre la fête. Voici les fêtes

7' du printemp[s] et [de] l'automne.

8' On célèbre en son honneur la fête du tonnerre.

9' Les dignitaires mènent un bouc (et) un mouton,

10'-12' mais il amène les provisions du district du chef de la garde. Alors, on célèbre la fête pour le dieu.

13' On célèbre ensuite la fête d'Askašipa.

14' Les bergers prennent un bouc du palais;

15' on prend uniquement les provisions du temple de la Toison.

16' Lorsque "Mon Soleil" va à la montagne Piskurunuwa,

17'-19' ce jour-là uniquement les gens de la maison de l'intendant offrent un bouc; les provisions (sont) seulement (celles) du temple de la Toison.

20' Au petit matin, lorsque "Mon Soleil"

21' monte sur la montagne Piskurunuwa,

22'-23' les bergers donnent dix boucs provenant du palais; les provisions (sont) uniquement (celles) du temple de la Toison.

24' [x] on prend [du pa]lais de l'intendant

25'-26' et pour lui on célèbre la fête du mois. Les bergers donnent un bouc provenant du palais.

B IV	37	Les [ ] fêtent le dieu protecteur au lion dans la maison du lion.
	38	On [amè]ne ? un bouc de la part des no[tables,] trois pains chauds, une cruche de bière.
	39	Les seigneurs du Hatti [ ] et ils célèbrent la fête.
	40-41	Alors, les livreurs ? d[onnaient] un mouton [e]t cela ils ne donnent plus en disant : “Nous remplissons les [!”.]

COMMENTAIRE

A I 1. 6’ au début de la ligne la restauration [*t*]*aliyanzi* est probable; le complément d’objet direct doit être recherché dans la lacune de la ligne 5’.
À la fin de la ligne, distraction du scribe par omission de *an* : *ma-la-<an>*.

1. 8’ et *passim*; pour les acrographies *ni* = *nipašuri-*, *ši* = *šintaḫi-* , *ta* = *tanani*, *zi* = *zizaḫi-*, cf. E. LAROCHE, *Sur le vocabulaire de l’haruspicine hittite*, *RA* 64, 1970, 127-139; on ajoutera plus spécialement : pour le *ši*, “*impressio reticularis* du foie”, cf. J. W. MEYER, *AoAT* 39, 56-57 et 93-118 et R. LEIDERER, *Anatomie der Schafsleber*, Munich, 1990, 34-44; pour le *ta* “*Vena umbilacilis*”, cf. J. W. MEYER, *op. cit.*, 59-60 et R. LEIDERER, *op. cit.,* 58-63.

1. 9’ SAG.ME : partie du foie oraculaire, cf. Ch. RÜSTER et E. NEU, *HZL*, n° 192.

1. 10’ *ḫadauri* : aussi *passim*; nom d’une divinité (KUB X 7 r. 6; 2353/c I 11) aussi bien que celui d’une fête célébrée en divers temples : celui de Ḫasamili, du dieu de l’orage, du Soleil, d’un dieu de la guerre, d’un dieu protecteur de la nature sauvage, les temples de Tešub d’Alep et de la divinité x en l’honneur de Kataḫḫa, ^{d}U.GUR, Ḫasamili et une divinité au nom illisible. La

fête se caractérise par l'abattage de nombreux moutons. Le terme ne doit pas être interprété par le hittite mais bien par le hatti. E. LAROCHE, *NH*, 253-254, décomposait le mot en *ḫa-t/dauri* "sur/dans le *tauri* = "arbre"; songeons aussi à ^{d}Tauri(t) "arbre divinisé" en tête de la liste canonique des dieux hattis. Cf. H. OTTEN, *RlA*, Band 4, 1972-1975, 142; H. KRONASSER, *EHS*, 226.

l. 19' [*ši-i-ya*]-*an* : restauration conjecturale; part. n. de *siya*- "comprimer", prédicat de *TE*^{meš}.

A II l. 10 ^{d}Ḫasammili : divinité hattie, comme Šulikatti, concernée notamment par la fête *ḫadauri*, cf. E. von WEIHER, *RlA*, Band 4, 1972-1975, 128-129. Le rituel KUB LX 121 Ro 10'-16' relate trois séquences d'offrandes adressées à Ḫasammili, ^{d}UD.SIG$_5$ et *dankuliyas* ^{d}UTU (le Soleil de l'obscurité $^{?}$), cf. M. POPKO, *AoF* 18/2, 1991, 243 et 245. M. POPKO y fait justement observer que Ḫasammili possède la faculté de rendre les êtres humains invisibles et que, d'après KUB VII 1 IV 6', il serait un dieu protecteur de l'enfance.

l. 19 *ki* = acrographie pour *keldi* "santé", cf. E. LAROCHE, *GLH*, 141-142.

l. 23 LÚ *MEŠETUM* : cf. W. von SODEN, *AHWb*, 648; variante fautive pour LÚ *MEŠEDI/MEŠETI*, litt. "homme de la lance". *MEŠETUM* ou *MEŠEDUM* renvoie à l'akkadien *MAŠADDU/MEŠEDDU* "espèce de lance" cf. M. CIVIL, *Notes brèves*, *RA* 81, 1987, 187 sq. et les observations de H. G. GÜTERBOCK, *JNES* 48 n° 4, 1989, 310-311.

B I l. 20 *zé*-[*ḫ*]*i-li-i*[*b-ša-ma-an* : indissociable de l'obscur *zeḫili* qui en serait l'abréviation; il s'agit d'une partie omineuse renvoyant sans doute à un terme anatomique, "consultée presque toujours seule, parfois avec le *ni*(*pašuriš*), le *keldiš* ou le *šintahiš*...", cf. E. LAROCHE, *RA* 64, 1970, 129 et *GLH*, 303.

A III l. 1 *sakuwassarus-pát* : acc. pl. de l'adj. *sakuwassara*- étudié par H. HOFFNER, *FsOtten*, 110; le terme est lié au verbe *sakuwai-* "observer"; *sakuwassaran-pát* : acc. s. animé à la l. 14.

l. 8 EZEN4 KI.LAM : "fête du marché"; pour l'étude la fête et des textes s'y rapportant, cf. I. SINGER, *StBoT* 27, 1983 et *StBoT* 28, 1984.

l. 10 ^{d}*Ḫalki* : aussi à reconnaître derrière le sumérogramme ^{d}NISABA à la l. 21. Le culte de la déesse "Grain" est ancien et autonome; il remonte au moins à l'époque kanisienne. Voir E. LAROCHE, *Les dieux du paysan hittite, Homo Religiosus* 10 (Mélanges P. Naster), 1984, 127-133.

l. 12 *masiyanki* : pour le sens du mot, cf. *CHD* s.v., 206-207 et J. TISCHLER, *HEG* Teil II, s.v., 158-159; à signaler en contexte semblable la variante *ma-ši-ya-an-ti* en KUB L 34 II 1 et *ma-ši-ya-an-di* en KBo XXIV 119 III 18.

l. 17 et *passim* : *ḫalkuessar*, voir J. PUHVEL, *HED,* vol. 3, 39-41, s.v. et A. KAMMENHUBER, HWb^{2} III (Lfg. 11), 1991, 62 sqq. Le radical est commun avec celui de *ḫalki-*; *ḫalkuessar* pourrait être un déverbatif en *-essar* (suffixe formant des substantifs à valeur collective) d'un hypothétique **ḫalkuwai-* lui-même dénominatif de **ḫalku-*.

l. 19 *tuppianza* : ne peut être qu'un abl.s. comme l'indique l'épithète *annalaz*. Dans cette finale *-anza*, le *-n-* fait partie du thème nominal, cf. J. JASANOFF, *MSS* 31, 1973, 123 sqq.

Vo IV F l. x+1 aussi A l. 6' : ^{d}*Maliya:* : déesse protectrice des vergers, des sources et des ruisseaux; divinité toujours vénérée à l'époque gréco-asianique dans le sud-ouest anatolien, en Lycie notamment, cf. R. LEBRUN, *Maliya, une divinité anatolienne mal connue*, dans *Studia P. Naster oblata* II, Louvain, 1982, 123-130. Les nouveaux fragments publiés mentionnant Maliya n'apportent pas d'informations nouvelles sur la déesse.

l. 12' ^{d}*Arunitti* : hittitisation de ^{d}*Arunit*, variante possible de ^{d}*Arinit* en raison du flottement vocalique *i/u* en hatti et dans les dérivés du hatti. Le suffixe de féminin -(*i*)*t* autorise à traduire "l'Arinnéenne" en qui il y aurait lieu de reconnaître la déesse Soleil d'Arinna, cf. E. LAROCHE, *NH*, 253 et n. 29; J. FRIEDRICH & A. KAMMENHUBER, *HWb*², Lief. 5, 1980, 355, s.v. EZEN *arunitas*.

l. 17' *walḫi* : boisson rituelle fermentée, susceptible de provoquer un état d'euphorie ou d'apaisement, cf. E. von SCHULER, *AoAT* 1, 1969, 317 sqq.

l. 19' *ABUBITI* aussi en B III 31', 34', 35' : à décomposer en *ABU BITI* "le père de la maison", titre désignant une sorte d'intendant; le mot n'est pas hourrite contrairement à la note de *HWb*², Lief.2, 1977, 192 s.v.; se référer par contre au *CAD* A Part I, 76 b, rubrique c. Voir aussi F. PECCHIOLI DADDI, *Mestieri*, 517-520.

B III l. 33' Kasaya : ville, siège d'un palais, dans laquelle se déroulent des célébrations cultuelles (cf. aussi KBo X 20 I 35 et KUB XXV 27 I 21). Oracle d'un dieu de l'orage en 158/r Ro 6. Voir H. OTTEN, *RlA*, Band 5, 1976-1980, 459-460 et F. DEL MONTE, *RGTC* VI, 1978, 187.

B IV l. 9 Ištuḫila : culte d'une déesse reine dans cette cité d'après KUB XVII 37 I 16 et XL 105 III 15. La tablette étudiée ici révèle un itinéraire processionnel partant de Hattusa vers Ḫakkura en passant par Tatasuna et Istuḫila; cf. H. OTTEN, *RlA*, Band 5, 1976-1980, 212; sur la formation du toponyme, se référer à O. CARRUBA, *StBoT* 2, 1966, 8 rem. 2.

l. 10 Ḫakkura (ou Ḫakmara) : cité liée à la fête de la hâte et au culte de Zitḫariya, cf. H. OTTEN, *RlA* IV, 1972-1975, 49.

l. 13 *Tašḫapuni* : variante graphique plus correcte de Zašḫapuna, déesse hattie vénérée à Gaštama et épouse du dieu montagne Zaliyanu; elle fait partie de l'entourage du dieu de l'orage de Nérik, cf. E. LAROCHE, *Recherches*, 38-39 et V. HAAS, *K.v.N.*, 84-85.

l. 14 *Zitḫariya* : dieu protecteur de la nature sauvage d'origine hattie tirant probablement son nom de la ville de Zitḫara, cf. E. LAROCHE, *Recherches*, 400. Plus précisément, Zitḫariya se caractérise comme le principal dieu protecteur de la nature sauvage ayant comme attribut ou symbole divinisé le *kursa-* souvent traduit conventionnellement par "sainte Toison", voir pour toute cette question les excellentes pages de M. POPKO, *Kultobjekte*, 108-115 et les notes aux pages 118-119. Il semble que le *kursa-* à identifier avec Zitḫariya, comme le suggère notre texte, accompagne le roi dans ses campagnes et doive être en fait considéré comme un sac de chasse, une besace, *a hunting bag* comme l'a proposé récemment H. G. GÜTERBOCK, *Hittite kurša "Hunting Bag"*, dans *Essays in Ancient Civilization presented to Helene J. Kantor*, Studies in Ancient Oriental Civilization n° 47, Chicago 1989, 113-119, plus quatre planches.

l. 22 *zuppari* : "le flambeau". Pour la fête du flambeau, voir spécialement H. OTTEN, *StBoT* 15, 1971, 9-10; la fête est attestée à Tawiniya et à Ḫakmis. Plusieurs dieux y sont invoqués et les fêtes du flambeau connurent un grand succès sous Hattusili III.

A IV l. 13 $^{(d)}$*Askasipa* : "génie de la porte". Il peut s'agir du dieu protecteur du lieu où siège le tribunal, la Cour de Justice comme le propose J. PUHVEL, *HED* 1, 215; voir aussi J. FRIEDRICH - A. KAMMENHUBER, *HWb*^{2}, Lief. 6/7, 1982, 421-424.

l. 16 ^{ḫursag}*Piskurunuwa*: var. *Puskurunuwa*: montagne sacrée de la région de Nérik. Lors de la fête du crocus, le couple royal y préside les cérémonies du 34e jour, cf. H. GONNET, *RHA* 83, 1968, 133 n° 112.

La lecture du texte indique que nous sommes en présence de la recension de questions oraculaires portant essentiellement sur les offrandes cultuelles ou rations alimentaires à effectuer au cours de fêtes secondaires ou "subsidiaires" intégrées aux longues fêtes du printemps et d'automne. Ces questions basées sur l'haruspicine trouvent leur origine dans un renouvellement cutuel festif imputable au roi Mursili II et ne peuvent être dissociées des programmes quotidiens des fêtes du "crocus" et de la "hâte" tels qu'ils sont connus, pas plus que des textes détaillant les cérémonies journalières de ces fêtes. Des copies tardives de cette recension oraculaire ont été réalisées sous Hattusili III et aussi probablement dans le cadre de l'activité réformatrice mais aussi d'archivage religieux entreprise par le roi Tudhaliya IV. Par conséquent, comme l'a bien démontré Ph. HOUWINK TEN CATE, l'étude de ce texte *CTH* 568 doit s'effectuer en prenant toujours en considération le programme de la fête AN.TAḪ.ŠUM (*CTH* 604), celui de la fête de la hâte (*CTH* 626 I) ou encore le texte *CTH* 629 = KUB XXV 27, un document tardif – probablement à dater du 13e s. av. J.-C., cf. Ph. HOUWINK TEN CATE, Fs. GÜTERBOCK = *Kaniššuwar*, 108 – qui confirmerait les résultats et applications des consultations oraculaires partiellement recensées en *CTH* 568. Plusieurs des cérémonies mentionnées se déroulaient dans certaines cités du Hatti au fil d'un itinéraire processionnel ou dans la *sacra civitas* manifestement concentrée sur les hauteurs de Ḫattusa comme le confirme la présence des nombreux temples dégagés en ce lieu au cours des dix dernières années. Les modifications cultuelles devaient recevoir l'agrément des dieux concernés et le nombre de copies liées à ces questions oraculaires souligne l'importance de la démarche; le souvenir devait en être minutieusement archivé puisque, encore à la période très tardive, au moins deux nouvelles copies en furent réalisées (textes A et D).

La première partie de notre texte expose des questions oraculaires traitant de rations alimentaires nécessaires à la célébration de la fête *ḫadauri* dans certains temples, la référence étant le mode de célébration au temple du dieu de l'orage. Ces fêtes *ḫadauri* caractérisées par l'abattage et l'offrande de moutons s'intégraient dans une célébration plus importante lors des festivités de printemps et d'automne. Aussi, elles ne se trouvent pas mentionnées systématiquement dans les *memento* des programmes quotidiens et leur jour de célébration est variable, d'autant plus que le roi et la reine n'y participaient pas nécessairement. On ne s'étonnera donc pas de voir la date de la fête *ḫadauri* au temple du dieu de la guerre se dérouler le quatrième jour en KUB XXV 27 I 9'-11' au lieu du quinzième ou seizième jour du programme quotidien. Les divinités concernées dans *CTH* 568 sont Šulikatte, Ḫasammili et Kattaḫḫa, donc des dieux hattis pour lesquels les cérémonies avaient lieu au temple de la déesse "Grand-Mère" et peut-être dans celui du dieu de l'orage d'Alep en raison de la petitesse des temples de ces dieux, cf. KBo X 20 III 12-18.

Une seconde partie (ABoT 14 + III 8-19, 20-24) traite de la célébration de fêtes secondaires lors de la fête du KI.LAM au temple de Ḫalki = NISABA durant les premier et deuxième jours de la fête en question. De tout ceci nous trouvons notamment un écho en KUB XXV 27 II 13'-17', II 26'-III 2, ainsi que pour le seul premier jour en KBo XIII 257 IV? 9'-11'.

La troisième partie concernerait essentiellement l'organisation des provisions cultuelles pour des fêtes subsidiaires à célébrer lors des festivités de printemps et d'automne en l'honneur de la sainte Toison à identifier notamment avec Zitḫariya, forme d'un dKAL important accompagnant le roi dans ses campagnes et symbolisé par une besace. On relèvera au passage la présence des divinités Maliya et Arunitta. Avant d'entreprendre un périple cultuel, Zitḫariya séjourne obligatoirement dans son propre temple à Ḫattusa où une journée lui est entièrement consacrée; cette obligation résulte d'un oracle explicité, par exemple, en KUB X 17 II 5'-8' (= KUB X 18 II 7-9) pour la fête du printemps :

5' nu ki-iš-ša-an ḫa-an-da-it[-ta-at]
6' nu ^{d}Zi-it-ḫa-ri-ya-aš
7' *A-NA* EZEN4 AN.TAḪ.ŠUM^{sar} *I-NA* É-*ŠU* i-ya-at-ta-ri

"et cela [fut] précisé ainsi par oracle : Zitḫariya ira dans son temple pour la fête du crocus".

Les différents paragraphes de cette troisième partie énumérés sans ordre chronologique et centrés sur Zitḫariya trouvent un écho dans les programmes des cérémonies du printemps mais surtout d'automne. En voici quelques exemples :

- ABoT 14 V x+11-6' : renvoie au neuvième jour de la fête du crocus.
- ABoT 14 V 12'-20' : concerne le deuxième jour de la fête de la hâte : retour de campagne du roi qui laisse Zitḫariya dans son temple de Ḫattusa.
- KUB XXII 27 IV 4-13 : dès le troisième jour, itinéraire cultuel de trois jours; Ḫattusa, Tatasuna, Istuḫila, Ḫakmara/Ḫakkura où se déroulait probablement la fête de la forêt.
- KUB XXII 27 IV 14-15 : sixième jour : montée du roi hittite sur les hauteurs de Ḫattusa avec Zitḫariya.
- KUB XXII 27 IV 16-20 : au dixième jour, fête au temple de la sainte Toison qui dure trois jours.
- ABoT 14 + IV 23'-27' : dix-huitième jour d'après la numération des textes C et F : célébration pour la divine reine de l'entrepôt.
- KUB XXII 27 IV 22-24 : fête des torches au dix-neuvième jour d'après C et F; l'enquête oraculaire effectuée pour cette fête se retrouve en KUB XXXIV 48 = KUB XLIX 86 et en KUB XI 18 III et IV = Vo KBo VIII 124 + KBo XX 86.

- ABoT 14 + IV 17'-22' : donne aussi pour le dix-neuvième jour mention d'une fête pour la divine reine de l'entrepôt des hommes du *walḫi.*

La fin de *CTH* 568 mentionne encore les dispositions pour d'autres fêtes subsidiaires dont la fête du tonnerre, une fête pour Askasipa, un pèlerinage à la montagne Piskurunuwa pour laquelle on sait que le couple royal y célébrait une fête au 34e jour de la fête du crocus (cf. H. GONNET, *RHA* 83 (1968), 133). Le dernier paragraphe enfin traite d'une fête particulière à un dieu protecteur, le dKAL au lion. Tout ceci fait songer directement à *CTH* 629.

Cet article ne constitue qu'une étape modeste sur le chemin ardu de l'étude des fêtes hittites, de leur évolution, de leur signification profonde, ainsi que sur celui de la mise en place des fragments festifs plus nombreux chaque année, une recherche dans laquelle excellent les travaux de notre Collègue Ph. HOUWINK TEN CATE. La persévérance de ce dernier ainsi que celle d'autres spécialistes permet cependant d'y voir plus clair aujourd'hui et ceci constitue un grand stimulant. De plus, lorsque l'on constate combien se concrétise de plus en plus la continuité religieuse entre le second millénaire et la période gréco-asianique en de nombreuses régions d'Asie Mineure, il n'est pas sans intérêt de signaler que dès le 6ème siècle av. J.-C., nous trouvons par exemple des documents épigraphiques en grec attestant des questions oraculaires relatives à des prescriptions ou modifications cultuelles pour lesquelles l'approbation divine était requise; ainsi, cette inscription retrouvée à Milet et datable d'environ 500 av. n. ère rapportant une question posée à l'Apollon de Didymes pour savoir si dorénavant les femmes peuvent être admises au temple d'Héraklès et si des légumes sont utilisables dans le rituel (cf. *Milet*, 3, n° 132, 276).

Adresse de l'auteur :

Avenue des Hêtres rouges, 65
B-1970 Wezembeek-Oppem

BCILL 78 : *HETHITICA XII*, 79-85

ON THE ORIGIN OF THE HITTITE ACCUSATIVE PLURAL SUFFIX *-UŠ*

K. SHIELDS

Among the etymological puzzles which Hittite presents to the comparativist is the origin of the accusative plural affix *-uš* (cf. *antuhšuš* 'men'). As NEU (1979 : 192) observes : "Während sich die Akkusativendungen des Singulars, *-n* bzw. (bei konsonantischen Stämmen) *-an*, probemlos von idg. **-m* bzw. **-m̥* herleiten lassen..., erweist sich die sprachhistorische Beurteilung der Pluralendung *-uš* (für alle Stammklassen) nach wie vor als äusserst problematisch... Ausgehend von den idg. *o*-Stämmen wäre bei den entsprechenden *a*-Stämmen des Hethitischen *-aš* (< **-o-ns*) oder auch **-anz* zu erwarten, doch hat schon das Althethische in der Nominalflexion allein *-uš*. Für eine Herleitung von *-uš* aus idg. **-m̥s*... fehlen ebenso überzeugende lautgeschichtliche Parallelen wie für andere schon früher vorgetragene Erklärungen (**-ons*, **-ōns*, **-n̥s*). Daher vermag ich *-u* in *-uš* vorerst nur als ein ursprüngliches /u/ anzusehen, das im Sinne von E. BENVENISTE (... [1962 :] 72f.) aus dem Akkusativ Sg. der Pronominalflexion stammen kann und im Hethitischen in den Plural übernommen und in dieser Funktion mit dem auch für andere Pluralformen charakteristischen *-s* versehen wurde[1]." Although I agree with NEU that the suffix attests an original /u/ and a reflex of the plural desinence **-s*, I want to present an alternative view of the etymology of the element /u/ based on some recent research about early Indo-European nominal declension and on the archaic tendencies of the Hittite language.

---

1 KRONASSER (1956 : 105) endorses the idea that *-uš* derives from **-ons*, while STURTEVANT (1933 : 176) locates its origin in the *u*-stems "although it is not clear how." GEORGIEV (1975 : 105-106) ascribes its widespread appearance in Hittite to the influence of both pronominal declension (cf. acc. pl. *kuš*) and the *u*-stem nouns. A possible dialectal parallel to the Hittite ending is Lith. acc. pl. *-ùš*, cf. KRONASSER 1956 : 105, the origin of which has been ascribed to **-ons* (cf. ENDZELĪNS 1971 : 136) or to the analogical influence of the *u*-stems (cf. SCHMALSTIEG 1968). I leave open the question of the etymological connection between these two dialectal forms, noting only that my hypothesis is consistent with the common origin of these affixes.

A general trend in current Indo-European scholarship is the rejection of the Brugmannian view of Indo-European morphology. ADRADOS (1989 : 24) thus observes : "The classical (or Brugmannian) system of Indo-European declension, that practically coincides with that of Sanskrit with its eight cases, is considered in general today as the point of arrival (a creation of Sanskrit) and not as the starting-point (an Indoeuropean system)." SCHMALSTIEG (1980 : 46) also writes : "The complicated inflectional system of many of the ancient Indo-European languages is a relatively late phenomenon of Indo-European." Such morphological simplicity has likewise been ascribed to the category of number within Indo-European. LEHMANN (1974 : 200), for example, posits "an earlier period in which there was no... inflection for number... Number accordingly was not consistently applied in late PIE and the early dialects in accordance with natural reference. Subsequently application became more regular, and number congruence was carried out for both substantives and verbs."

In my own reconstruction of early Indo-European noun inflection (SHIELDS 1982), I maintain that the language possessed a nominative (-vocative) case in *-*Ø* (cf. KURYŁOWICZ 1964 : 197-199) and a general objective in *-*N* (= *m* or *n*)[2]. The existence of this latter case is suggested by the wide variety of functions which the reflexes of *-*N* attest in the historical dialects. Its appearance in the accusative is confirmed by such desinences as (sg.) Skt. *-a-m*, Gk. *-o-n*, Lat. *-u-m*, and Lith. *-ą*) while its dative value is implied by (sg.) Go. *þam-ma*, Lith. *tam-ui* (> *tám*), OCS *tom-u*, and the Slavic *o*-stem suffix *-u* (< *-*ǫ* < *-*om*, showing a sporadic word-final denasalization (SCHMALSTIEG 1971) (SCHMALSTIEG 1977 : 127). SCHMALSTIEG (1977 : 127) also derives the Latin dative singular marker *-ō* from *-*oN* and identifies the Sanskrit instrumental singular suffix *-ā* and the Lithuanian instrumental singular suffix *-ù* (< *-*úo* < *-*ō̃* as cognates[3]. *-*N* is more directly seen in instrumental function in the Old Church Slavic instrumental marker *-omь* (< *-*oN* + *-i*)[4]. The traditionally reconstructed genitive plural ending *-*ŏ̄N* (Skt. *-ām*, Gk. *-ōn*, Lat. *-um*, Hitt. [sg./pl.] *-an*) gives evidence for *-*N* as a genitive exponent; and the Hittite ablative suffix *-an-za* (= *-an-ts*) attests its ablative use, cf. SHIELDS 1982 : 34-35. "The nasal suffix of the old objective case is also historically attested in the locative. For example, it appears in such locative forms as Sanskrit *áśvāyām* 'mare' and OP *schisman* 'this', cf. Gray 1932 : 192. "A similar element *-i(n)* is

---

2 LEHMANN (1958 : 182-183) also endorses the view that the so-called adverbial cases are of recent origin. He says : "The cases expressing adverbial relationships (instrumental, dative, ablative, locative, and the genitive in some uses) are late : their endings differ from dialect to dialect; the plural endings for these cases are not attested in Hittite. Sandhi phenomena of Sanskrit support the assumption that these endings are late... The development of the adverbial cases belongs then to the study of late Proto-Indo-European and the individual dialects."

3 The derivation of these long-vowel markers from *-*oN* is based on SCHMALSTIEG's theory of Indo-European monophthongization. See SCHMALSTIEG 1973, 1974, 1977, and 1980 : 21-45 for details.

4 Of course, contaminations of suffixes are common.

found in Skt. and Av. loc. types like *a-sm-ín*, *a-hm-i*, *a-hm-y-a*, and in Homeric ablatives, instrumentals, and locatives (both sing. and plur. without distinction of form) in *-phi(n)* < **-bh-i(n)* ..." (GRAY 1932 : 192-193) ... A related locative nasal suffix is perhaps seen in Hitt. *ketani* 'this' and Sanskrit adverbs like *idā́nīm* 'now', *tedā́nīm* 'then', cf. JOSEPHSON 1967 : 137-138')" (SHIELDS 1982 : 38).

The formal identities of the exponents of the accusative and the adverbial cases is paralleled by general functional overlapping among the cases. For example, the original unity of the accusative and the dative is implied by "the continued existence in the dialects of double accusative constructions, relics of the stage of Indo-European when the... nasal suffix served a much wider functional role : Gk. *eirōtą̄s m'ónoma* 'you ask me the name', *hipposúnas se edídaksan* 'they taught you the art of riding', cf. HIRT 1934 : 94-95 and SCHMALSTIEG 1977 : 128. Likewise, the fact that the accusative has in the dialects such secondary functions as 'acc. of direction (goal) after verbs of movement, both intransitive and transitive', 'acc. of temporal extension', and 'acc. of spatial extension', etc. (KURYŁOWICZ 1964 : 181-183) also implies that it, along with the adverbial cases, derives from an original objective which embraced a wide variety of functional roles" (SHIELDS 1982 : 37).

I believe that the objective marker **-N* soon entered into competition with a number of other affixes, including **-i*, **-(e/o)s,* and **-(e/o)t*. These markers tended towards functional specialization, with **-i* assuming a primary dative-locative value (cf. dat. sg. Osc. *-e-i*, Phryg. *-e-i*, Lat. *-ī*, OCS *-i*; loc. sg. Skt *-i*, Gk. *-i*, Lat. *-i*), **-(e/o)s* a primary genetive-ablative value (cf. Skt. *-as*, Gk. *-os*, Lat. *-is*), and **-(e/o)t* a primary ablative value (cf. Skt *-āt*, OLat. *-ōd*, Hitt. *-az* [= *-a-t-s*]) although their original broader objective role is still evident. Thus, there exist "a few examples where the etymological **-y* has been retained in some forms which we term accusative" (SCHMALSTIEG 1980 : 70). For example, "in Old Irish the accusative singular of *ben* 'woman' in the oldest texts is *bein*, but according to THURNEYSEN, 1946, 184, from the time of the Würzburg glosses on the dative form *mnaí* is used for the accusative. It is usually stated that the accusative singular form *mnaí* is formed by analogy with the dative singular..., but this does not seem to be a necessary assumption" (SCHMALSTIEG 1980 : 70). In addition, "according to KRAUSE-THOMAS, 1960, 111, Tocharian B adjectives and nouns of agent in *-nta*, *-ca*, *-tsa*, show besides *-ṃ* in the oblique [< accusative] singular, the ending *-ai* for forms which have the nominative singular in *-a: astary-ai* 'pure', *orotsts-ai* 'big', *klyomñ-ai* 'noble', *lalaṃṣk-ai* 'tender', *kauṣent-ai* 'killing, killer', *wapātts-ai* 'weaver'" (SCHMALSTIEG 1980 : 70). **-i* shows genitive value in the Tocharian genitive singular ending (AB) *-i* (< **-o-i*), cf. SHIELDS 1982 : 46-47, and in the *o*-stem genitive singular suffix reconstructed as **-syo* (< **-s-i-o*: Skt. *-sya*, Hom. *-o-io*, Armen. *-o-y*, cf. SHIELDS 1982 : 45-47). Similarly, **-(e/o)t* survives as a genitive marker in Tocharian B (sg. *-ntse*, *-ṃtse*, cf. SCHMALSTIEG 1980 : 72), as an instrumental suffix in Hittite (*-it*) and even as a locative affix in Old Hittite enclitic possessive pronouns (*a-u-ri-iš-mi-it* 'in your (plur.)' or 'in their watchtower', cf. HOUWINK TEN CATE 1967). It is especially interesting that Tocharian (AB) shows an oblique (< accusative) singular marker in *-nt*, which has been traced to the influence of present active participles in **-nt-* or some other suffix terminated in **-nt* (e.g., **-ment* or **-went*), cf. VAN WINDEKENS 1976 : 175. I prefer to relate the element *-t* to the Indo-European case ending **-t* and the element *-n-* to the Indo-European case marker **-N*, with Tocharian attesting an apparent contamination of the two largely functionally equivalent desinences. If VAN WINDEKENS (1976 : 175) is correct in deriving *-nt* from the phonological sequence **-ntm̥*, then the affix **-nt* was hypercharacterized in early Tocharian for accusative value through the analogical extension of the most common exponent of the accusative, i.e., **-m̥*, cf. VAN WINDEKENS 1976 : 171.

In my opinion, all of these objective desinences have their origin in enclitic deictic particles. MARKEY (1979 : 65-66) argues : "At an early stage of Indo-European deictic markers constituted the formal indication of the grammatical categories expressing time, place and person," with these enclitic particles eventually "receiv[ing] regularized paradigmatic assignment (in the immediately pre-dialectal period)." LEHMANN (1982 : 152) comes close to the same assessment in positing "an agglutinative process in the development of the PIE nominal paradigm" involving "postposed particles which appear to form incipient cases." Thus, a deictic in **-N* can be reconstructed on the basis of the so-called "*n*-Demonstrativa **no-*, **eno-*, **ono-*, **oino-*, **aino-*" (BRUGMANN 1911 : 335-336) (cf. Skt. *aná-*, OCS *onъ̨* , Lith. *anà-s*) since "vielleicht sind alle Demonstrativa einmal deiktische Partikeln, also indeklinable Wörter gewesen" (BRUGMANN 1911 : 311) and perhaps on the basis of the particle reconstructed by HIRT (1927 : 13) as **e/om*, "die wir selbständig wohl in ai. *aŋ-gá* hervorhebend und sonst als Suffix des Neutrums l. *verb-om* finden"; moreover, a deictic in **i* can be posited because of the existence of "gr. *i-dé* 'und', l. *i-bi* 'hier', l. *i-ta* 'so', *i-tidem*, ai. *i-há* 'hier', ai. *i-va* 'wie', ai. *i-ti* 'so', ai. *i-d* hervorhebende Partikel" and the demonstrative stem **i-* (lat. *i-s*, Go. *i-s*, Skt. *i-m-ám*) (HIRT 1927 : 11-12). **(e/o)s* is an etymon of the Hittite enclitic personal pronoun *-aš*, which is an etymological demonstrative (STURTEVANT 1933 : 198 and FRIEDRICH 1974 : 63), and the demonstrative stem in **s/eo-* (Skt. *sá(s)*, Gk. *ho*, Go. *sa*), cf. ANTTILA 1972 : 359, a thematization of **(e/o)s* or a contamination of the deictics **(e/o)s* and **e/o* (appearing "als Verbalpräfix als Augment [gr. *é-pheron*, ai. *á-bharam* 'ich trug'],... und in ai. *a-sā́u* 'jener', gr. *e-keĩ* 'dort', wohl auch in gr. *ei* 'wenn', eig. *e* + *i*, vielleicht auch in *é-ti* 'ferner', l. *et* 'und'..." and as "Verbalpräfix *o*, das namentlich im Griech. ziemlich haüfig zu belegen ist,... als Postposition in gr. *áp-o*, *húp-o*, ai. *áp-a*, *úp-a*, auch wohl in idg. *pro*" [HIRT 1927 : 10-11]), cf. SHIELDS forthcoming. HIRT (1927 : 12) also reconstructs a deictic particle **te*, parallel to **se/o*, as a result of such forms as "lit. *tè* 'da', gr. *tē̃* 'da, nimm'; dazu l. *is-te*, abg. *kŭ-to* 'wer'" and the demonstrative in **to* (Skt. *tá-t*, Gk. *tó*, Go *þa-*).

Now a deictic particle **u* clearly existed in Indo-European. HIRT (1927 : 11) identifies historical forms like "l. *ubi* 'wo', l. *u-ti* 'so', aw. *uiti*, gr. *ē-úte* 'gleichwie', ai. *u-tá* 'auch sogar'" as its dialectal reflexes. That this deictic was incorporated into nominal declension is indicated by its appearance in such suffixes as loc. pl. Skt. *-su*, OCS *-xъ* Lith. *-su* and gen.-loc. du. Skt. *-os*, OCS *-u*, Arcad. Gk. *-oiun* (< **-oisun*), Toch. B. (gen.) *-naisäñ* (< **-oisun*), cf. WINTER 1962 : 126 and SHIELDS 1987. Moreover, "wir finden *u* ferner im Lok. der *i*-Stämme : ai. *agnā-u* : *agnis*. Das hohe Alter dieser Form wird durch Formen wie kypr. *ptoliwi* usw. bewiesen, die ihr *w* vom Lok. bezogen haben müssen... Und schliesslich finden wir eine Endung auf *-ou* im slaw. Dativ, abg. *vlŭku* 'dem Wolfe'. Alle Versuche, die Form mit dem idg. Dativ auf *-ōi* zusammen zu bringen sind gescheitert, und so muss man hier eben eine andere Bildungsweise annehmen... Auch fragt, ob nicht die altgallische Endung *-u Alisanu*, *Magalu* hierher gehört" (HIRT 1927 : 106-107). Therefore, I feel it to be quite possible that Hittite, as an archaic Indo-European language (cf. ADRADOS 1982), retains **-u* as an accusative marker in the accusative plural form under consideration, with **-s* serving merely to hypercharacterize the late- acquired plural value of the suffix. The lack of formal parallelism between singular and plural cases is quite common in the dialects (cf. gen. sg. *-(*e/o*)*s* and gen. pl. **-oN*) and, indeed, should be expected in light of the late appearance of specifically non-singular (dual/plural) inflections.

Of course, my assertion about the etymology of Hittite *-uš* cannot be proven absolutely correct. But I maintain that it possesses as much plausibility as other hypotheses and should therefore be given equally serious consideration.

REFERENCES

ADRADOS, Francisco. 1982. "The Archaic Structure of Hittite : The Crux of the Problem." *Journal of Indo-European Studies* 10, 1-36.

ADRADOS, Francisco. 1989. "Agglutination, Suffixation or Adaptation ? For the History of Indoeuropean Nominal Inflexion." *Indogermanische Forschungen* 94. 21-44.

ANTTILA, Raimo. 1972. *An Introduction to Historical and Comparative Linguistics*. New York : Macmillan.

BENVENISTE, Émile. 1962. *Hittite et indo-européen*. Paris : Adrien Maisonneuve.

BRUGMANN, Karl. 1911. *Grundriss der vergleichende Grammatik der indogermanischen Sprachen*. Strassburg : Trübner.

ENDZELĪNS, J. 1971. *Comparative Phonology and Morphology of the Baltic Languages*. W. Schmalstieg and B. Jēgers, trans. The Hague : Mouton.

FRIEDRICH, Johannes. 1974. *Hethitisches Elementarbuch I*. 3rd ed. Heidelberg : Winter.

GEORGIEV, V. 1975. "Die Eigentümlichkeiten der hethitischen Nominalflexion." In *Flexion und Wortbildung*. H. Rix, ed. Wiesbaden : Ludwig Reichert. 104-119.

GRAY, Louis. 1932. "On Indo-European Noun Declension, Especially of -*O*- and -*Ā*- Stems." *Language* 8. 183-199.

HIRT, Hermann. 1927. *Indogermanische Grammatik*. Vol. 3. Heidelberg : Winter.

HIRT, Hermann. 1934. *Indogermanische Grammatik*. Vol. 6. Heidelberg : Winter.

HOUWINK TEN CATE, Philo. 1966. "The Ending -*d* of the Hittite Possessive Pronoun." *Revue Hittite et Asianique* 24. 123-132.

JOSEPHSON, Folke. 1966 . "Pronominal Adverbs of Anatolian : Formation and Function." *Revue Hittite et Asianique* 24. 133-154.

KRAUSE, Wolfgang and THOMAS, Werner. 1960. *Tocharisches Elementarbuch*. Vol. 1. Heidelberg : Winter.

KRONASSER, Heinz. 1956. *Vergleichende Laut- und Formenlehre des Hethitischen*. Heidelberg : Winter.

KURYŁOWICZ, Jerzy. 1964. *The Inflectional Categories of Indo-European*. Heidelberg : Winter.

LEHMANN, Winfred. 1958. "On Earlier Stages of the Indo-European Nominal Inflection." *Language* 34. 179-202.

LEHMANN, Winfred. 1974. *Proto-Indo-European Syntax*. Austin : University of Texas Press.

LEHMANN, Winfred. 1982. "From Phonetic Facts to Syntactic Paradigms : The Noun in Early PIE." In *The Indo-Europeans in the Fourth and Third Millennia*. W. Lehmann, ed. Ann Arbor : Karoma. 140-155.

MARKEY, T. L. 1979. "Deixis and the *u*-Perfect." *Journal of Indo-European Studies* 7. 65-75.

NEU, Erich. 1979. "Einige Überlegungen zu den hethitischen Kasusendungen. "In *Hethitisch und Indogermanisch*. E. Neu and W. Meid, eds. Innsbruck : Institut für Sprachwissenschaft der Universität Innsbruck. 177-196.

SCHMALSTIEG, William. 1968. "The Development of Common East Baltic Word Final *-*an*." *Baltistica* 4. 185-193.

SCHMALSTIEG, William. 1971 "Die Entwicklung der ā-Deklination im Slavischen." *Zeitschrift für slavische Philologie* 36. 130-146.

SCHMALSTIEG, William. 1973. "New Thoughts on Indo-European Phonology." *Zeitschrift für vergleichende Sprachforschung* 87. 99-157.

SCHMALSTIEG, William. 1974. "Some Morphological Implications of the Indo-European Passage of *-*oN* to *-*ō*." *Zeitschrift für vergleichende Sprachforschung* 88. 187-198.

SCHMALSTIEG, William. 1977. "Speculations on the Development of the Indo-European Nominal Inflection." *Folia Linguistica* 10. 109-149.

SCHMALSTIEG, William. 1980. *Indo-European Linguistics : A New Synthesis.* University Park : Penn State Press.

SHIELDS, Kenneth. 1982. *Indo-European Noun Declension : A Developmental History.* University Park : Penn State Press.

SHIELDS, Kenneth. 1987. "Some Remarks about the Dual of Indo-European *o*-Stems." *Journal of Indo-European Studies* 15. 341-352.

SHIELDS, Kenneth. Forthcoming. "Comments about the *o*-Stem Genitive of Indo-European." *Historische Sprachforschung.*

STURTEVANT, Edgar. 1933. *A Comparative Grammar of the Hittite Language.* Philadelphia : Linguistic Society of America.

THURNEYSEN, R. 1946. *A Grammar of Old Irish.* D. Binchy and O. Bergin, trans. Dublin : Institute for Advanced Studies.

VAN WINDEKENS, A. J. 1976. *Le tokharien confronté avec les autres langues indo-européennes.* Vol. 2. Louvain : Centre International de Dialectologie Générale.

WINTER, Werner. 1962. "Nominal and Pronominal Dual in Tocharian." *Language* 38. 111-134.

Adresse de l'auteur :

Department of English
Millersville University
Millersville, Pennsylvania 17551
U.S.A.

BIBLIOTHÈQUE DES CILL (BCILL)

BCILL 1: **JUCQUOIS G.,** *La reconstruction linguistique. Application à l'indo-européen*, 267 pp., 1976 (réédition de CD 2). Prix: 670,- FB.
A l'aide d'exemples repris principalement aux langues indo-européennes, ce travail vise à mettre en évidence les caractères spécifiques ou non des langues reconstruites: universaux, théorie de la racine, reconstruction lexicale et motivation.

BCILL 2-3: **JUCQUOIS G.,** *Introduction à la linguistique différentielle, I + II*, 313 pp., 1976 (réédition de CD 8-9) (épuisé).

BCILL 4: *Löwen und Sprachtiger. Actes du 8ᵉ colloque de Linguistique* (Louvain, septembre 1973), **éd. KERN R.,** 584 pp., 1976. Prix: 1.500,- FB.
La quarantaine de communications ici rassemblées donne un panorama complet des principales tendances de la linguistique actuelle.

BCILL 5: *Language in Sociology*, **éd. VERDOODT A. et KJOLSETH Rn,** 304 pp., 1976. Prix: 760,- FB.
From the 153 sociolinguistics papers presented at the 8th World Congress of Sociology, the editors selected 10 representative contributions about language and education, industrialization, ethnicity, politics, religion, and speech act theory.

BCILL 6: **HANART M.,** *Les littératures dialectales de la Belgique romane: Guide bibliographique*, 96 pp., 1976 (2ᵉ tirage, corrigé de CD 12). Prix: 340,- FB.
En ce moment où les littératures connexes suscitent un regain d'intérêt indéniable, ce livre rassemble une somme d'informations sur les productions littéraires wallonnes, mais aussi picardes et lorraines. Y sont également considérés des domaines annexes comme la linguistique dialectale et l'ethnographie.

BCILL 7: *Hethitica II*, **éd. JUCQUOIS G. et LEBRUN R.,** avec la collaboration de DEVLAMMINCK B., II-159 pp., 1977, Prix: 480,- FB.
Cinq ans après *Hethitica I* publié à la Faculté de Philosophie et Lettres de l'Université de Louvain, quelques hittitologues belges et étrangers fournissent une dizaine de contributions dans les domaines de la linguistique anatolienne et des cultures qui s'y rattachent.

BCILL 8: **JUCQUOIS G. et DEVLAMMINCK B.,** *Compléments aux dictionnaires étymologiques du grec*. Tome I: A-K, II-121 pp., 1977. Prix: 380,- FB.
Le *Dictionnaire étymologique de la langue grecque* du regretté CHANTRAINE P. est déjà devenu, avant la fin de sa parution, un classique indispensable pour les hellénistes. Il a fait l'objet de nombreux compres rendus, dont il a semblé intéressant de regrouper l'essentiel en un volume. C'est le but que poursuivent ces *Compléments aux dictionnaires étymologiques du grec*.

BCILL 9: **DEVLAMMINCK B. et JUCQUOIS G.,** *Compléments aux dictionnaires étymologiques du gothique*. Tome I: A-F, II-123 pp., 1977. Prix: 380,- FB.
Le principal dictionnaire étymologique du gothique, celui de Feist, date dans ses dernières éditions de près de 40 ans. En attendant une refonte de l'œuvre qui

incorporerait les données récentes, ces compléments donnent l'essentiel de la littérature publiée sur ce sujet.

BCILL 10: **VERDOODT A.**, *Les problèmes des groupes linguistiques en Belgique: Introduction à la bibliographie et guide pour la recherche*, 235 pp., 1977 (réédition de CD 1). Prix: 590,- FB.
Un «trend-report» de 2.000 livres et articles relatifs aux problèmes socio-linguistiques belges. L'auteur, qui a obtenu l'aide de nombreux spécialistes, a notamment dépouillé les catalogues par matière des bibliothèques universitaires, les principales revues belges et les périodiques sociologiques et linguistiques de classe internationale.

BCILL 11: **RAISON J. et POPE M.**, *Index transnuméré du linéraire A*, 333 pp., 1977. Prix: 840,- FB.
Cet ouvrage est la suite, antérieurement promise, de RAISON-POPE, Index du linéaire A, Rome 1971. A l'introduction près (et aux dessins des «mots»), il en reprend entièrement le contenu et constitue de ce fait une édition nouvelle, corrigée sur les originaux en 1974-76 et augmentée des textes récemment publiés d'Arkhanès, Knossos, La Canée, Zakro, etc., également autopsiés et rephotographiés par les auteurs.

BCILL 12: **BAL W. et GERMAIN J.**, *Guide bibliographique de linguistique romane*, VI-267 pp., 1978. Prix 685,- FB., ISBN 2-87077-097-9, 1982, ISBN 2-8017-099-1.
Conçu principalement en fonction de l'enseignement, cet ouvrage, sélectif, non exhaustif, tâche d'être à jour pour les travaux importants jusqu'à la fin de 1977. La bibliographie de linguistique romane proprement dite s'y trouve complétée par un bref aperçu de bibliographie générale et par une introduction bibliographique à la linguistique générale.

BCILL 13: **ALMEIDA I.**, *L'opérativité sémantique des récits-paraboles. Sémiotique narrative et textuelle. Herméneutique du discours religieux*. Préface de Jean LADRIÈRE, XIII-484 pp., 1978. Prix: 1.250,- FB.
Prenant comme champ d'application une analyse sémiotique fouillée des récitsparaboles de l'Évangile de Marc, ce volume débouche sur une réflexion herméneutique concernant le monde religieux de ces récits. Il se fonde sur une investigation épistémologique contrôlant les démarches suivies et situant la sémiotique au sein de la question générale du sens et de la comprehension.

BCILL 14: *Études Minoennes I: le linéaire A*, **éd. Y. DUHOUX**, 191 pp., 1978. Prix: 480,- FB.
Trois questions relatives à l'une des plus anciennes écritures d'Europe sont traitées dans ce recueil; évolution passée et état présent des recherches; analyse linguistique de la langue du linéaire A; lecture phonétique de toutes les séquences de signes éditées à ce jour.

BCILL 15: *Hethitica III*, 165 pp., 1979. Prix: 490,- FB.
Ce volume rassemble quatre études consacrées à la titulature royal hittite, la femme dans la société hittite, l'onomastique lycienne et gréco-asianique, les rituels CTH 472 contre une impureté.

BCILL 16: **GODIN P.**, *Aspecten van de woordvolgorde in het Nederlands. Een syntaktische, semantische en functionele benadering*, VI + 338 pp., 1980. Prix: 1.000,- FB., ISBN 2-87077-241-6.
In dit werk wordt de stelling verdedigd dat de woordvolgorde in het Nederlands beregeld wordt door drie hoofdfaktoren, nl. de syntaxis (in de engere betekenis van dat woord), de semantiek (in de zin van distributie van de dieptekasussen in de oppervlaktestruktuur) en het zgn. functionele zinsperspektief (d.i. de distributie van de constituenten naargelang van hun graad van communicatief dynamisme).

BCILL 17: **BOHL S.**, *Ausdrucksmittel für ein Besitzverhältnis im Vedischen und griechischen*, III + 108 pp., 1980. Prix: 360,- FB., ISBN 2-87077-170-3.
This study examines the linguistic means used for expressing possession in Vedic Indian and Homeric Greek. The comparison, based on a select corpus of texts, reveals that these languages use essentially inherited devices but with differing frequency ratios, in addition Greek has developed a verb "to have", the result of a different rhythm in cultural development.

BCILL 18: **RAISON J. et POPE M.**, *Corpus transnuméré du linéaire A*, 350 pp., 1980. Prix: 1.100,- FB.
Cet ouvrage est, d'une part, la clé à l'Index transnuméré du linéaire A des mêmes auteurs, BCILL 11: de l'autre, il ajoute aux recueils d'inscriptions déjà publiés de plusieurs côtés des compléments indispensables; descriptions, transnumérations, apparat critique, localisation précise et chronologie détaillée des textes, nouveautés diverses, etc.

BCILL 19: **FRANCARD M.**, *Le parler de Tenneville. Introduction à l'étude linguistique des parlers wallo-lorrains*, 312 pp., 1981. Prix: 780,- FB., ISBN 2-87077-000-6.
Dialectologues, romanistes et linguistes tireront profit de cette étude qui leur fournit une riche documentation sur le domaine wallo-lorrain, un aperçu général de la segmentation dialectale en Wallonie, et de nouveaux matériaux pour l'étude du changement linguistique dans le domaine gallo-roman. Ce livre intéressera aussi tous ceux qui sont attachés au patrimoine culturel du Luxembourg belge en particulier, et de la Wallonie en général.

BCILL 20: **DESCAMPS A. et al.**, *Genèse et structure d'un texte du Nouveau Testament. Étude interdisciplinaire du chapitre 11 de l'Évangile de Jean*, 292 pp., 1981. Prix: 895,- FB.
Comment se pose le problème de l'intégration des multiples approches d'un texte biblique? Comment articuler les unes aux autres les perspectives développées par l'exégèse historicocritique et les approches structuralistes? C'est à ces questions que tentent de répondre les auteurs à partir de l'étude du récit de la résurrection de Lazare. Ce volume a paru simultanément dans la collection «Lectio divina» sous le n° 104, au Cerf à Paris, ISBN 2-204-01658-6.

BCILL 21: *Hethitica IV*, 155 pp., 1981. Prix: 390,- FB., ISBN 2-87077-026.
Six contributions d'E. Laroche, F. Bader, H. Gonnet, R. Lebrun et P. Crepon sur: les noms des Hittites; hitt. *zinna-*; un geste du roi hittite lors des affaires agraires; vœux de la reine à Istar de Lawazantiya; pauvres et démunis dans la société hittite; le thème du cerf dans l'iconographie anatolienne.

BCILL 22: **J.-J. GAZIAUX,** *L'élevage des bovidés à Jauchelette en roman pays de Brabant. Étude dialectologique et ethnographique*, XVIII + 372 pp., 1 encart, 45 illustr., 1982. Prix: 1.170,- FB., ISBN 2-87077-137-1.
Tout en proposant une étude ethnographique particulièrement fouillée des divers aspects de l'élevage des bovidés, avec une grande sensibilité au facteur humain, cet ouvrage recueille le vocabulaire wallon des paysans d'un petit village de l'est du Brabant, contrée peu explorée jusqu'à présent sur le plan dialectal.

BCILL 23: *Hethitica V*, 131 pp., 1983. Prix: 330,- FB., ISBN 2-87077-155-X.
Onze articles de H. Berman, M. Forlanini, H. Gonnet, R. Haase, E. Laroche, R. Lebrun, S. de Martino, L.M. Mascheroni, H. Nowicki, K. Shields.

BCILL 24: **L. BEHEYDT**, *Kindertaalonderzoek. Een methodologisch handboek*, 252 pp., 1983. Prix: 620,- FB., ISBN 2-87077-171-1.
Dit werk begint met een overzicht van de trends in het kindertaalonderzoek. Er wordt vooral aandacht besteed aan de methodes die gebruikt worden om de taalontwikkeling te onderzoeken en te bestuderen. Het biedt een gedetailleerd analyserooster voor het onderzoek van de receptieve en de produktieve taalwaardigheid zowel door middel van tests als door middel van bandopnamen. Zowel onderzoek van de woordenschat als onderzoek van de grammatica komen uitvoerig aan bod.

BCILL 25: **J.-P. SONNET**, *La parole consacrée. Théorie des actes de langage, linguistique de l'énonciation et parole de la foi*, VI-197 pp., 1984. Prix: 520,- FB. ISBN 2-87077-239-4.
D'où vient que la parole de la foi ait une telle force? Ce volume tente de répondre à cette question en décrivant la «parole consacrée», en cernant la puissance spirituelle et en définissant la relation qu'elle instaure entre l'homme qui la prononce et le Dieu dont il parle.

BCILL 26: **A. MORPURGO DAVIES - Y. DUHOUX (ed.)**, *Linear B: A 1984 Survey, Proceedings of the Mycenaean Colloquium of the VIIIth Congress of the International Federation of the Societies of Classical Studies (Dublin, 27 August-1st September 1984)*, 310 pp., 1985. Price: 850 FB., ISBN 2-87077-289-0.
Six papers by well known Mycenaean specialists examine the results of Linear B studies more than 30 years after the decipherment of script. Writing, language, religion and economy are all considered with constant reference to the Greek evidence of the First Millennium B.C. Two additional articles introduce a discussion of archaeological data which bear on the study of Mycenaean religion.

BCILL 27: *Hethitica VI*, 204 pp., 1985. Prix: 550 FB. ISBN 2-87077-290-4.
Dix articles de J. Boley, M. Forlanini, H. Gonnet, E. Laroche, R. Lebrun, E. Neu, M. Paroussis, M. Poetto, W.R. Schmalstieg, P. Swiggers.

BCILL 28: **R. DASCOTTE**, *Trois suppléments au dictionnaire du wallon du Centre*, 359 pp., 1 encart, 1985. Prix: 950 FB. ISBN 2-87077-303-X.
Ce travail comprend 5.200 termes qui apportent un complément substantiel au *Dictionnaire du wallon du Centre* (8.100 termes). Il est le fruit de 25 ans d'enquête sur le terrain et du dépouillement de nombreux travaux dont la plupart sont inédits, tels des

mémoires universitaires. Nul doute que ces *Trois suppléments au dictionnaire du wallon du Centre* intéresseront le spécialiste et l'amateur.

BCILL 29: **B. HENRY**, *Les enfants d'immigrés italiens en Belgique francophone, Seconde génération et comportement linguistique*, 360 pp., 1985. Prix: 950 FB. ISBN 2-87077-306-4.
L'ouvrage se veut un constat de la situation linguistique de la seconde génération immigrée italienne en Belgique francophone en 1976. Il est basé sur une étude statistique du comportement linguistique de 333 jeunes issus de milieux immigrés socio-économiques modestes. Des chiffres préoccupants qui parlent et qui donnent à réfléchir...

BCILL 30: **H. VAN HOOF**, *Petite histoire de la traduction en Occident*, 105 pp., 1986. Prix: 380 FB. ISBN 2-87077-343-9.
L'histoire de notre civilisation occidentale vue par la lorgnette de la traduction. De l'Antiquité à nos jours, le rôle de la traduction dans la transmission du patrimoine gréco-latin, dans la christianisation et la Réforme, dans le façonnage des langues, dans le développement des littératures, dans la diffusion des idées et du savoir. De la traduction orale des premiers temps à la traduction automatique moderne, un voyage fascinant.

BCILL 31: **G. JUCQUOIS**, *De l'egocentrisme à l'ethnocentrisme*, 421 pp., 1986. Prix: 1.100 FB. ISBN 2-87077-352-8.
La rencontre de l'Autre est au centre des préoccupations comparatistes. Elle constitue toujours un événement qui suscite une interpellation du sujet: les manières d'être, d'agir et de penser de l'Autre sont autant de questions sur nos propres attitudes.

BCILL 32: **G. JUCQUOIS**, *Analyse du langage et perception culturelle du changement*, 240 p., 1986. Prix: 640 FB. ISBN 2-87077-353-6.
La communication suppose la mise en jeu de différences dans un système perçu comme permanent. La perception du changement est liée aux données culturelles: le concept de différentiel, issu très lentement des mathématiques, peut être appliquée aux sciences du vivant et aux sciences de l'homme.

BCILL 33-35: **L. DUBOIS**, *Recherches sur le dialecte arcadien*, 3 vol., 236, 324, 134 pp., 1986. Prix: 1.975 FB. ISBN 2-87077-370-6.
Cet ouvrage présente aux antiquisants et aux linguistes un corpus mis à jour des inscriptions arcadiennes ainsi qu'une description synchronique et historique du dialecte. Le commentaire des inscriptions est envisagé sous l'angle avant tout philologique; l'objectif de la description de ce dialecte grec est la mise en évidence de nombreux archaïsmes linguistiques.

BCILL 42: **Y.L. ARBEITMAN** (ed.), *A Linguistic Happening in Memory of Ben Schwartz. Studies in Anatolian, Italic and Other Indo-European Languages*, 598 pp., 1988. Prix: 1800,- FB.
36 articles dédiés à la mémoire de B. Schwartz traitent de questions de linguistique anatolienne, italique et indo-européenne.

BCILL 43: *Hethitica IX*, 179 pp., 1988. Prix: 540 FB. ISBN. Cinq articles de St. DE MARTINO, J.-P. GRÉLOIS, R. LEBRUN, E. NEU, A.-M. POLVANI.

BCILL 44: **M. SEGALEN** (éd.), *Anthropologie sociale et Ethnologie de la France*, 873 pp., 1989. Prix: 2.620 FB. ISBN 90-6831-157-3 (2 vol.).
Cet ouvrage rassemble les 88 communications présentées au Colloque International «Anthropologie sociale et Ethnologie de la France» organisé en 1987 pour célébrer le cinquantième anniversaire du Musée national des Arts et Traditions populaires (Paris), une des institutions fondatrices de la discipline. Ces textes montrent le dynamisme et la diversité de l'ethnologie chez soi. Ils sont organisés autour de plusieurs thèmes: le regard sur le nouvel «Autre», la diversité des cultures et des identités, la réévaluation des thèmes classiques du symbolique, de la parenté ou du politique, et le rôle de l'ethnologue dans sa société.

BCILL 45: **J.-P. COLSON**, *Krashens monitortheorie: een experimentele studie van het Nederlands als vreemde taal. La théorie du moniteur de Krashen: une étude expérimentale du néerlandais, langue étrangère*, 226 pp., 1989. Prix: 680 FB. ISBN 90-6831-148-4.
Doel van dit onderzoek is het testen van de monitortheorie van S.D. Krashen in verband met de verwerking van het Nederlands als vreemde taal. Tevens wordt uiteengezet welke plaats deze theorie inneemt in de discussie die momenteel binnen de toegepaste taalwetenschap gaande is.

BCILL 46: *Anthropo-logiques* 2 (1989), 324 pp., 1989. Prix: 970 FB. ISBN 90-6831-156-5.
Ce numéro constitue les Actes du Colloque organisé par le CIGAC du 5 au 9 octobre 1987. Les nombreuses interventions et discussions permettent de dégager la spécificité épistémologique et méthodologique de l'anthropologie clinique: approches (théorique ou clinique) de la rationalité humaine, sur le plan du signe, de l'outil, de la personne ou de la norme.

BCILL 47: **G. JUCQUOIS**, *Le comparatisme*, t. 1: *Généalogie d'une méthode*, 206 pp., 1989. Prix: 750 FB. ISBN 90-6831-171-9.
Le comparatisme, en tant que méthode scientifique, n'apparaît qu'au XIXe siècle. En tant que manière d'aborder les problèmes, il est beaucoup plus ancien. Depuis les premières manifestations d'un esprit comparatiste, à l'époque des Sophistes de l'Antiquité, jusqu'aux luttes théoriques qui préparent, vers la fin du XVIIIe siècle, l'avènement d'une méthode comparative, l'histoire des mentalités permet de préciser ce qui, dans une société, favorise l'émergence contemporaine de cette méthode.

BCILL 48: **G. JUCQUOIS**, *La méthode comparative dans les sciences de l'homme*, 138 pp., 1989. Prix: 560 FB. ISBN 90-6831-169-7.
La méthode comparative semble bien être spécifique aux sciences de l'homme. En huit chapitres, reprenant les textes de conférences faites à Namur en 1989, sont présentés les principaux moments d'une histoire du comparatisme, les grands traits de la méthode et quelques applications interdisciplinaires.

BCILL 49: *Problems in Decipherment*, edited by **Yves DUHOUX, Thomas G. PALAIMA and John BENNET**, 1989, 216 pp. Price: 650 BF. ISBN 90-6831-177-8.

Five scripts of the ancient Mediterranean area are presented here. Three of them are still undeciphered — "Pictographic" Cretan; Linear A; Cypro-Minoan. Two papers deal with Linear B, a successfully deciphered Bronze Age script. The last study is concerned with Etruscan.

BCILL 50: **B. JACQUINOD**, *Le double accusatif en grec d'Homère à la fin du Ve siècle avant J.-C.* (publié avec le concours du Centre National de la Recherche Scientifique), 1989, 305 pp. Prix: 900 FB. ISBN 90-6831-194-8.
Le double accusatif est une des particularités du grec ancien: c'est dans cette langue qu'il est le mieux représenté, et de beaucoup. Ce tour, loin d'être un archaïsme en voie de disparition, se développe entre Homère et l'époque classique. Les types de double accusatif sont variés et chacun conduit à approfondir un fait de linguistique générale: expression de la sphère de la personne, locution, objet interne, transitivité, causativité, etc. Un livre qui intéressera linguistes, hellénistes et comparatistes.

BCILL 51: **Michel LEJEUNE**, *Méfitis d'après les dédicaces lucaniennes de Rossano di Vaglio*, 103 pp., 1990. Prix: 400,- FB. ISBN 90-6831-204-3.
D'après l'épigraphie, récemment venue au jour, d'un sanctuaire lucanien (-IVe/-Ier s.), vues nouvelles sur la langue osque et sur le culte de la déesse Méfitis.

BCILL 52: *Hethitica* X, 211 pp., 1990. Prix: 680 FB. Sept articles de P. CORNIL, M. FORLANINI, H. GONNET, J. KLINGER et E. NEU, R. LEBRUN, P. TARACHA, J. VANSCHOONWINKEL. ISBN 90-6831-288-X.

BCILL 53: **Albert MANIET**, *Phonologie quantitative comparée du latin ancien*, 1990, 362 pp. Prix: 1150 FB. ISBN 90-6831-225-1.
Cet ouvrage présente une statistique comparative, accompagnée de remarques d'ordre linguistique, des éléments et des séquences phoniques figurant dans un corpus latin de 2000 lignes, de même que dans un état plus ancien de ce corpus, reconstruit sur base de la phonétique historique des langues indo-européennes.

BCILL 54-55: **Charles de LAMBERTERIE**, *Les adjectifs grecs en -υς. Sémantique et comparaison* (publié avec le concours de l'Académie des Inscriptions et Belles-Lettres, du Centre National de la Recherche Scientifique et de la Fondation Calouste Gulbenkian), 1.035 pp., 1990. Prix: 1980 FB. ISBN tome I: 90-6831-251-0; tome II: 90-6831-252-9.
Cet ouvrage étudie une classe d'adjectifs grecs assez peu nombreuse (une quarantaine d'unités), mais remarquable par la cohérence de son fonctionnement, notamment l'aptitude à former des couples antonymiques. On y montre en outre que ces adjectifs, hérités pour la plupart, fournissent une riche matière à la recherche étymologique et jouent un rôle important dans la reconstruction du lexique indo-européen.

BCILL 56: **A. SZULMAJSTER-CELNIKIER**, *Le yidich à travers la chanson populaire. Les éléments non germaniques du yidich*, 276 pp., 22 photos, 1991. Prix: 1490 FB. ISBN 90-6831-333-9.

BCILL 57: *Anthropo-logiques 3* (1991), 204 pp., 1991. Prix: 695 FB. ISBN 90-6831-345-2.

Les textes de ce troisième numéro d'*Anthropo-logiques* ont en commun de chercher épistémologiquement à déconstruire les phénomènes pour en cerner le fondement. Ils abordent dans leur spécificité humaine le langage, l'expression numérale, la relation clinique, le corps, l'autisme et les psychoses infantiles.

BCILL 58: **G. JUCQUOIS-P. SWIGGERS** (éd.), *Le comparatisme devant le miroir*, 155 pp., 1991. Prix: 540 FB. ISBN 90-6831-363-0.
Dix articles de E. Gilissen, G.-G. Granger, C. Hagège, G. Jucquois, H.G. Moreira Freire de Morais Barroco, P. Swiggers, M. Van Overbeke.

BCILL 59: *Hethitica XI*, 136 pp., 1992. Prix: 440 FB. ISBN 90-6831-394-0.
Six articles de T.R. Bryce, S. de Martino, J. Freu, R. Lebrun, M. Mazoyer et E. Neu.

BCILL 60: **A. GOOSSE**, *Mélanges de grammaire et de lexicologie françaises*, XXVIII-450 pp., 1991. Prix: 1.600 FB. ISBN 90-6831-373-8.
Ce volume réunit un choix d'études de grammaire et de lexicologie françaises d'A. Goosse. Il est publié par ses collègues et collaborateurs à l'Université Catholique de Louvain à l'occasion de son accession à l'éméritat.

BCILL 61: **Y. DUHOUX**, *Le verbe grec ancien. Éléments de morphologie et de syntaxe historiques*, 549 pp., 1992. Prix: 1650 FB. ISBN 90-6831-387-8.
Ce livre étudie la structure et l'histoire du système verbal grec ancien. Menées dans une optique structuraliste, les descriptions morphologiques et syntaxiques sont toujours associées, de manière à s'éclairer mutuellement. Une attention particulière a été consacrée à la délicate question de l'aspect verbal. Les données quantitatives ont été systématiquement traitées, grâce à un *corpus* de plus de 100.000 formes verbales s'échelonnant depuis Homère jusqu'au IVe siècle avant J.-C.

BCILL 62: **D. da CUNHA**, *Discours rapporté et circulation de la parole*, 1992, 231 pp., Prix: 740 FB. ISBN 90-6831-401-7.
L'analyse pragmatique de la circulation de la parole entre un discours source, six rapporteurs et un interlocuteur montre que le discours rapporté ne peut se réduire aux styles direct, indirect et indirect libre. Par sa façon de reprendre les propos qu'il cite, chaque rapporteur privilégie une variante personnelle dans laquelle il leur prête sa voix, allant jusqu'à forger des citations pour mieux justifier son propre discours.

BCILL 63: **A. OUZOUNIAN**, *Le discours rapporté en arménien classique*, 1992, 300 pp., Prix: 990 FB. ISBN 90-6831-456-4.

BCILL 64: **B. PEETERS**, *Diachronie, Phonologie et Linguistique fonctionnelle*, 1992, 194 pp., Prix: 785 FB. ISBN 90-6831-402-5.

BCILL 65: **A. PIETTE**, *Le mode mineur de la réalité. Paradoxes et photographies en anthropologie*, 1992, 117 pp., Prix: 672 FB. ISBN 90-6831-442-4.

BCILL 66: **Ph. BLANCHET** (éd.), *Nos langues et l'unité de l'Europe. Actes des Colloques de Fleury (Normandie) et Maiano (Prouvènço)*, 1992, 113 pp., Prix: 400 FB. ISBN 90-6831-439-4.
Ce volume envisage les problèmes posés par la prise en compte de la diversité linguistique dans la constitution de l'Europe. Universitaires, enseignants, écrivains,

hommes politiques, responsables de structures éducatives, économistes, animateurs d'associations de promotion des cultures régionales présentent ici un vaste panorama des langues d'Europe et de leur gestion socio-politique.

BCILL 67: *Anthropo-logiques* 4, 1992, 155 pp., Prix: 540 FB. ISBN 90-6831-464-5.
Une fois encore, l'unité du propos de ce numéro d'*Anthropo-logiques* ne tient pas tant à l'objet — bien qu'il soit relativement circonscrit: l'humain (on étudie ici la faculté de concevoir, la servitude du vouloir, la dépendance de l'infantile et la parenté) — qu'à la méthode, dont les deux caractères principaux sont justement les plus malaisés à conjoindre: une approche dialectique et analytique.

BCILL 68: **L. BEHEYDT (red.)**, *Taal en leren. Een bundel artikelen aangeboden aan prof. dr. E. Nieuwborg*, X-211 pp., 1993. Prix: 795 FB. ISBN 90-6831-476-9.
Deze bundel, die helemaal gewijd is aan toegepaste taalkunde en vreemde-talenonderwijs, bestaat uit vijf delen. Een eerste deel gaat over evaluatie in het v.t.-onderwijs. Een tweede deel betreft taalkundige analyses in functie van het v.t.-onderwijs. Een derde deel bevat contrastieve studies terwijl een vierde deel over methodiek gaat. Het laatste deel, ten slotte, is gericht op het verband taal en cultuur.

BCILL 69: **G. JUCQUOIS**, *Le comparatisme, t. 2: Émergence d'une méthode*, 208 pp., 1993. Prix: 730 FB. ISBN 90-6831-482-3, ISBN 2-87723-053-0.
Les modifications majeures qui caractérisent le passage de l'Ancien Régime à l'époque contemporaine se produisent initialement dans les sciences du vivant. Celles-ci s'élaborent, du XVIIIe au XXe siècle, par la progressive prise en compte du changement et du mouvement. Les sciences biologiques deviendront ainsi la matrice constitutive des sciences de l'homme par le moyen d'une méthodologie, comparative pour ces dernières et génétique pour les premières.

BCILL 70: *DE VSV, Études de syntaxe latine offertes en hommage à Marius Lavency, édité par* **D. LONGRÉE**, préface de G. SERBAT, 365 pp., 1995. Prix: 1290 FB. ISBN 90-6831-481-5, ISBN 2-87723-054-6.
Ce volume, offert en hommage à Marius Lavency, professeur émérite à l'Université Catholique de Louvain, réunit vingt-six contributions illustrant les principales tendances des recherches récentes en syntaxe latine. Partageant un objectif commun avec les travaux de Marius Lavency, ces études tendent à décrire «l'usage» des auteurs dans ses multiples aspects: emplois des cas et des tournures prépositionnelles, oppositions modales et fonctionnements des propositions subordonnées, mécanismes diaphoriques et processus de référence au sujet, structures des phrases complexes... Elles soulignent la complémentarité des descriptions syntaxiques et des recherches lexicologiques, sémantiques, pragmatiques ou stylistisques. Elles mettent à nouveau en évidence les nombreuses interactions de la linguistique latine et de la linguistique générale.

BCILL 71: **J. PEKELDER**, *Conventies en Functies. Aspecten van binominale woordgroepen in het hedendaagse Nederlands*, 245 pp., 1993. Prix: 860 FB. ISBN 90-6831-500-5.
In deze studie wordt aangetoond dat een strikt onderscheid tussen lexicale en lineaire **conventies** enerzijds en lexicale en lineaire **functies** anderzijds tot meer inzicht leidt in de verschillende rollen die syntactische en niet-syntactische functies spelen bij de interpretatie van binominale woordgroepen met *van* in het hedendaagse Nederlands.

BCILL 72: **H. VAN HOOF**, *Dictionnaire des éponymes médicaux français-anglais*, 407 pp., 1993. Prix: 1425 FB. ISBN 90-6831-510-2, ISBN 2-87723-071-6.
Les éponymes constituent un problème particulier du labyrinthe synonymique médical, phénomène dont se plaignent les médecins eux-mêmes et qui place le traducteur devant d'innombrables problèmes d'identification des équivalences. Le présent dictionnaire, précédé d'une étude typologique, s'efforce par ses quelque 20.000 entrées de résoudre la plupart de ces difficultés.

BCILL 73: **C. VIELLE - P. SWIGGERS - G. JUCQUOIS** *éds, Comparatisme, mythologies, langages en hommage à Claude Lévi-Strauss*, 454 pp., 1994. Prix: 1600 FB. ISBN 90-6831-586-2, ISBN 2-87723-130-5.
Ce volume offert à Claude Lévi-Strauss à l'occasion de ses quatre-vingt-cinq ans réunit des études mythologiques, linguistiques et/ou comparatives de Ph. Blanchet, A. Delobelle, E. Désveaux, B. Devlieger, D. Dubuisson, F. François, J.C. Gomes da Silva, J. Guiart, G. Jucquois, M. Mahmoudian, J.-Y. Maleuvre, H.B. Rosén, Cl. Sandoz, B. Sergent, P. Swiggers et C. Veille.

BCILL 74: **J. RAISON - M. POPE**, *Corpus transnuméré du linéaire A*, deuxième édition, 337 pp., 1994. Prix: 1180 FB. ISBN 90-6831-561-7, ISBN 2-87723-115-1.
La deuxième édition de ce *Corpus* livre le texte de tous les documents linéaire A publiés à la fin de 1993, rassemblés en un volume maniable. Elle conserve la numérotation des signes utilisée en 1980, autorisant ainsi l'utilisation aisée de toute la bibliographie antérieure. Elle joint à l'édition proprement dite de précieuses notices sur l'archéologie, le lieu précis de trouvaille, la datation, etc.

BCILL 75: *Florilegium Historiographiae Linguisticae. Études d'historiographie de la linguistique et de grammaire comparée à la mémoire de Maurice Leroy*, édité par **J. DE CLERCQ** et **P. DESMET**, 512 pp., 1994. Prix: 1800,- FB. ISBN 90-6831-578-1, ISBN 2-87723-125-9.
Vingt-neuf articles illustrent des questions d'histoire de la linguistique et de grammaire comparée en hommage à l'auteur des *Grands courants de la linguistique moderne*.

BCILL 76: *Plurilinguisme et Identité culturelle, Actes des Assises européennes pour une Éducation plurilingue (Luxembourg)*, édités par **G. DONDENLIGER** et **A. WENGLER**, 185 pp., 1994. Prix: 650,- FB. ISBN 90-6831-587-0, ISBN 2-87723-131-3.
Comment faciliter la communication entre les citoyens de toute l'Europe géographique et humaine, avec le souci de préserver, en même temps, l'indispensable pluralisme de langues et de cultures? Les textes réunis dans ce volume montrent des démarches fort diverses, souvent ajustées à une région, mais qui mériteraient certainement d'être adaptées à des situations analogues.

BCILL 77: **H. VAN HOOF,** *Petite histoire des dictionnaires*, 129 pp., 1994, 450 FB. ISBN 90-6831-630-3, ISBN 2-87723-149-6.
Les dictionnaires sont des auxiliaires tellement familiers du paysage éducatif que l'on ne songe plus guère à leurs origines. Dépositaires de la langue d'une communauté (dictionnaires unilingues), instruments de la communication entre communautés de langues différentes (dictionnaires bilingues) ou répertoires pour spécialistes des disciplines les plus variées (dictionnaires unilingues ou polyglottes), tous ont une histoire

dont l'auteur retrace les étapes depuis des temps parfois très reculés jusqu'à nos jours, avec la naissance des dictionnaires électroniques.

BCILL 78: *Hethitica XII*, 85 pp., 1994. Prix: 300 FB. ISBN 90-6831-651-6, ISBN 2-87723-170-4.
Six articles de R. Haase, W. Helck, J. Klinger, R. Lebrun, K. Shields.

BCILL 79: **J. GAGNEPAIN**, *Leçons d'introduction à la théorie de la médiation*, 304 pp. Prix: 990 FB. ISBN 90-6831-621-4, ISBN 2-87723-143-7.
Ce volume reproduit les leçons données par Jean Gagnepain à l'UCL en 1993. Le modèle de l'anthropologie clinique y est exposé dans sa globalité et d'une manière particulièrement vivante. Ces leçons constituent une excellente introduction à l'ensemble des travaux médiationnistes de l'auteur.

SÉRIE PÉDAGOGIQUE DE L'INSTITUT DE LINGUISTIQUE DE LOUVAIN (SPILL)

SPILL 1: **G. JUCQUOIS,** avec la Collaboration de **J. LEUSE**, *Conventions pour la présentation d'un texte scientifique*, 1978, 54 pp. (épuisé).

SPILL 2: **G. JUCQUOIS,** *Projet pour un traité de linguistique différentielle*, 1978, 67 pp. Prix: 170,- FB.Exposé succinct destiné à de régulières mises à jour de l'ensemble des projets et des travaux en cours dans une perspective différentielle au sein de l'Institut de Linguistique de Louvain.

SPILL 3: **G. JUCQUOIS,** *Additions 1978 au «Projet pour un traité de linguistique différentielle»*, 1978, 25 pp. Prix: 70,- FB.

SPILL 4: **G. JUCQUOIS,** *Paradigmes du vieux-slave*, 1979, 33 pp. (épuisé).

SPILL 5: **W. BAL - J. GERMAIN,** *Guide de linguistique*, 1979, 108 pp. Prix: 275,- FB. Destiné à tous ceux qui désirent s'initier à la linguistique moderne, ce guide joint à un exposé des notions fondamentales et des connexions interdisciplinaires de cette science une substantielle documentation bibliographique sélective, à jour, classée systématiquement et dont la consultation est encore facilitée par un index détaillé.

SPILL 6: **G. JUCQUOIS - J. LEUSE,** *Ouvrages encyclopédiques et terminologiques en sciences humaines*, 1980, 66 pp. Prix: 165,- FB.
Brochure destinée à permettre une première orientation dans le domaine des diverses sciences de l'homme. Trois sortes de travaux y sont signalés: ouvrages de terminologie, ouvrages d'introduction, et ouvrages de type encyclopédique.

SPILL 7: **D. DONNET,** *Paradigmes et résumé de grammaire sanskrite*, 64 pp., 1980. Prix: 160,- FB.
Dans cette brochure, qui sert de support à un cours d'initiation, sont envisagés: les règles du sandhi externe et interne, les paradigmes nominaux et verbaux, les principes et les classifications de la composition nominale.

SPILL 8-9: **L; DEROY,** *Padaśas. Manuel pour commencer l'étude du sanskrit même sans maître*, 2 vol., 203 + 160 pp., 2e éd., 1984. Epuisé.

SPILL 10: *Langage ordinaire et philosophie chez le second WITTGENSTEIN. Séminaire de philosophie du langage 1979-1980,* **édité par J.F. MALHERBE,** 139 pp., 1980. Prix: 350,- FB. ISBN 2-87077-014-6.
Si, comme le soutenait Wittgenstein, **la signification c'est l'usage,** c'est en étudiant l'usage d'un certain nombre de termes clés de la langue du philosophe que l'on pourra, par-delà le découpage de sa pensée en aphorismes, tenter une synthèse de quelques thèmes majeurs des **investigations philosophiques.**

SPILL 11: **J.M. PIERRET,** *Phonétique du français. Notions de phonétique générale et phonétique du français*, V-245 pp. + 4 pp. hors texte, 1985. Prix: 550,- FB. ISBN 2-87077-018-9.
Ouvrage d'initiation aux principaux problèmes de la phonétique générale et de la phonétique du français. Il étudie, en outre, dans une section de phonétique historique, l'évolution des sons, du latin au français moderne.

SPILL 12: **Y. DUHOUX,** *Introduction aux dialectes grecs anciens. Problèmes et méthodes. Recueil de textes traduits*, 111 pp., 1983. Prix: 280,- FB. ISBN 2-87077-177-0.
Ce petit livre est destiné aux étudiants, professeurs de grec et lecteurs cultivés désireux de s'initier à la dialectologie grecque ancienne: description des parlers; classification dialectale; reconstitution de la préhistoire du grec. Quatorze cartes et tableaux illustrent l'exposé, qui est complété par une bibliographie succincte. La deuxième partie de l'ouvrage rassemble soixante-huit courtes inscriptions dialectales traduites et accompagnées de leur bibliographie.

SPILL 13: **G. JUCQUOIS,** *Le travail de fin d'études. Buts, méthode, présentation*, 82 pp., 1984. (épuisé).

SPILL 14: **J, VAN ROEY,** *French-English Contrastive Lexicology. An Introduction*, 145 pp., 1990. Prix: 460,- FB. ISBN 90-6831-269-3.
This textbook covers more than its title suggests. While it is essentially devoted to the comparative study of the French and English vocabularies, with special emphasis on the deceptiveness of alleged transformational equivalence, the first part of the book familiarizes the student with the basic problems of lexical semantics.

SPILL 15: **Ph. BLANCHET,** *Le provençal. Essai de description sociolinguistique et différentielle*, 224 pp., 1992. Prix: 740,- FB. ISBN 90-6831-428-9.
Ce volume propose aux spécialistes une description scientifique interdisciplinaire cherchant à être consciente de sa démarche et à tous, grand public compris, pour la première fois, un ensemble d'informations permettant de se faire une idée de ce qu'est la langue de la Provence.

SPILL 16: **T. AKAMATSU,** *Essentials of Functional Phonology*, with a Foreword by André MARTINET, XI-193 pp., 1992. Prix: 680 FB. ISBN 90-6831-0.
This book is intended to provide a panorama of *synchronic functional phonology* as currently practised by the author who is closely associated with André Martinet, the most distinguished leader of functional linguistics of our day. Functional phonology studies the phonic substance of languages in terms of the various functions it fulfils in the process of language communication.

SPILL 17: **C.M. FAÏK-NZUJI,** *Éléments de phonologie et de morphophonologie des langues bantu*, 163 pp., 1992. Prix: 550 FB. ISBN 90-6831-440-8.
En cinq brefs chapitres, cet ouvrage présente, de façon claire et systématique, les notions élémentaires de la phonologie et de la morphophonologie des langues de la famille linguistique bantu. Une de ses originalités réside dans ses *Annexes et Documents*, où sont réunis quelques systèmes africains d'écriture ainsi que quelques principes concrets pour une orthographe fonctionnelle des langues bantu du Zaïre.

SPILL 18: **P. GODIN — P. OSTYN — Fr. DEGREEF,** *La pratique du néerlandais avec ou sans maître*, 368 pp., 1993. Prix: 1250 FB. ISBN 90-6831-528-5.
Cet ouvrage a pour objectif de répondre aux principales questions de grammaire et d'usage que se pose l'apprenant francophone de niveau intermédiaire et avancé. Il comprend les parties suivantes: 1. Prononciation et orthographe; 2. Morphologie; 3. Syntaxe et sémantique; 4. Usage. Il peut être utilisé aussi bien en situation d'auto-apprentissage qu'en classe grâce à une présentation de la matière particulièrement soignée d'un point de vue pédagogique: organisation modulaire, nombreux exemples, explications en français, traduction des mots moins fréquents, et «last but not least», un index très soigné.

SPILL 19: **J.-M. PIERRET,** *Phonétique historique du français et Notions de phonétique générale.* Nouvelle édition, XIII-247 pages; 4 pages hors-texte, 1994. Prix: 920 FB. ISBN 90-6831-608-7
Nouvelle édition, entièrement revue, d'un manuel destiné aux étudiants et aux lecteurs cultivés désireux de s'initier à la phonétique et à l'histoire de la prononciation du français, cet ouvrage est constitué de deux grandes parties: une initiation à la phonétique générale et un panorama de la phonétique historique du français. Il contient de nombreuses illustrations et trois index: un index analytique contenant tous les termes techniques utilisés, un index des étymons et un index des mots français cités dans la partie historique.

IMPRIMERIE ORIENTALISTE, KLEIN DALENSTRAAT 42, B-3020 WINKSELE-HERENT